RECUPERACIÓN DE ABUSO NARCISISTA

Separar y sanar de una relación emocionalmente narcisista. Descubra cómo crear límites de forma segura a partir de padres tóxicos. Una guía para recuperar tu vida

HOPE UTARAM

Copyright © 2020 por *Hope Utaram*
- Todos los derechos reservados -

El contenido en este libro no puede ser reproducido, duplicado o transmitido sin el permiso directo por escrito del autor o del editor.

Bajo ninguna circunstancia se tendrá ninguna culpa o responsabilidad legal contra el editor, o autor, por cualquier daño, reparación o pérdida monetaria debido a la información contenida en este libro. Ya sea directa o indirectamente.

Aviso legal:
Este libro está protegido por derechos de autor. Este libro es sólo para uso personal. No puede modificar, distribuir, vender, usar, citar o parafrasear ninguna parte, o el contenido de este libro, sin el consentimiento del autor o editor.

Aviso de exención de responsabilidad:
Tenga en cuenta que la información contenida en este documento es solo para fines educativos y de entretenimiento. Se ha ejecutado todo el esfuerzo para presentar información precisa, actualizada y confiable y completa. No se declaran ni implican garantías de ningún tipo. Los lectores reconocen que el autor no está participando en la prestación de asesoramiento legal, financiero, médico o profesional. El contenido de este libro se ha derivado de varias fuentes. Consulte a un profesional con licencia antes de intentar cualquier técnica descrita en este libro.

Al leer este documento, el lector acepta que bajo ninguna circunstancia el autor es responsable de las pérdidas, directas o indirectas, que se incurran como resultado del uso de la información contenida en este documento, incluyendo, pero no limitado a, — errores, omisiones o inexactitudes.

Tabla de contenidos

Introduction

Capítulo 1 Definición Del Comportamiento Narcisista En Términos Simples... 5

Capítulo 2 Superar Los Rasgos Negativos De Personalidad.. 19

Capítulo 3 Entender Tu Pensamiento........................... 32

Capítulo 4 Opciones Y Autodescubrimiento.................. 41

Capítulo 5 Narcisismo En Las Familias........................ 46

Capítulo 6 Como Llegue A Este Camino?...................... 57

Capítulo 7 Desaprender Patrones Poco Saludables..... 66

Capítulo 8 Puedo Elegir Una Nueva Forma De Pensar? 82

Capítulo 9 ¿Juega La Genética Un Papel?..................... 94

Capítulo 10 Libertad Al Fin... 100

Capítulo 11 Cómo Sanar Del Abuso Narcisista............ 116

Conclusión.. 133

Introducción

A menos que vivas bajo una roca definitivamente has oído la palabra narcisismo. De hecho, el Día Mundial de Concienciación sobre el Abuso Narcisista, generalmente celebrado el primero de junio, muestra claramente que el mundo reconoce el narcisismo en un alto grado. Debido a la mayor difusión de la información entre el público desde cada esquina, el significado del narcisismo se ha diluido tanto que incluso las personas inofensivas son etiquetadas como narcisistas en base a lo que comparten en las redes sociales.

Es irónico que a pesar de la popularidad de la palabra, sólo un pequeño porcentaje de la población entienda lo que realmente es el abuso narcisista. (2018) al analizar cómo el narcisismo conduce a la violencia y la agresión, definen el abuso narcisista como una forma de tortura psicológica y emocional que es infligida por personas asociadas con la falta de conciencia y que tienen trastornos antisociales. El narcisismo es la condición en la que uno posee un sentido inflado de sí mismo. Un narcisista busca la satisfacción de su imagen de sí mismo poco realista, de ahí que tenga problemas para mantener relaciones. El mismo amor y atención que buscan de los demás, son incapaces de corresponder. Les falta empatía y tienen relaciones problemáticas. Su autoimagen idealizada cubre una gran vulnerabilidad que es sensible a la más mínima crítica. El narcisismo se desarrolla a partir de una infancia atribulada expuesta a traumas, en la que uno se siente poco amado y desarrolla un profundo sentido de inferioridad. Por lo tanto, los narcisistas buscan la validación de las personas que identifican como los objetivos más apropiados que adorarán a sus pies. Disfrazan sus motivos ocultos con amor por la aspirante a víctima y después de atraparlos, los manipulan para cumplir con sus motivos egoístas. El narcisismo es real, y ha herido a varias personas en la sociedad. Las personas que tuvieron su vida juntas se vuelven fuera de curso y si uno no tiene cuidado, terminan en gran daño.

Es difícil comprender cómo alguien profesa amarte entonces va derecho a abusar de ti, pero la verdad es que el amor y la lealtad no siempre existen juntos. En una época en la que varias personas encuentran a sus socios de sitios de redes sociales, es fácil encontrarse bajo el abrazo de un narcisista porque difícilmente se puede evaluar sus antecedentes o cualquier otra persona, que han datado en el pasado. Los negocios de emparejamiento en línea están en aumento y cualquier persona que no esté en una relación parece interesada. Aquellos que quieren amar y ser amados están siendo blanco de estos negocios listos para conectar a todos con individuos "de ideas afines". En primer lugar, este auge del negocio muestra que la gente está buscando cada vez más y desesperadamente el amor. En segundo lugar, ha aumentado considerablemente el riesgo de encontrar coincidencias imperfectas.

Este libro tiene como objetivo mostrarte cómo puedes recuperarte completamente del abuso de un narcisista y reanudar tu yo original. Te equipa con el conocimiento para entender cuando estás en una relación con un narcisista y cómo terminarlo. No obstante, usted será capaz de ayudar a otras personas que usted sabe que podrían estar en tales situaciones abusivas. Te trae la buena noticia de que la mayoría de los narcisistas son predecibles, y puedes usar sus vulnerabilidades a tu favor.

Capítulo 1

Definición del comportamiento narcisista en términos simples

Entendiendo cómo piensan los narcisistas y a quién es más probable que se dirijan para el abuso narcisista, ahora estás en una posición mucho mejor para tratar con cualquier narcisista en tu vida. Ya sea que el narcisista en cuestión sea un cónyuge, pareja romántica, familiar, amigo o jefe, estos consejos y estrategias te ayudarán a mantener la cabeza clara y responder eficazmente.

Respuestas efectivas

Hay una serie de respuestas efectivas al abuso narcisista, pero todas tienen una cosa en común: una comprensión de lo que el narcisista realmente quiere. No importa lo que parezca estar sucediendo en este momento, el narcisista siempre está buscando poder. Las respuestas más efectivas son aquellas que te permiten mantener tu poder en lugar de regalar más de él al narcisista. Esto significa no permitir que el narcisista ignore tus límites, pero también significa no reaccionar emocionalmente de maneras que podrían hacer que el narcisista sea más poderoso en la situación.

Aclare sus límites

El primer y más importante paso es aclarar sus límites. Para una persona codependiente, desarrollar límites claros siempre es difícil. Una de las características definitorias de la codependencia es la falta de claridad sobre dónde termina el yo y dónde comienzan los demás, por lo que es posible que debas aclarar eso por ti mismo antes de poder empezar a establecer límites con las otras personas en tu vida. Usted no es responsable de cómo se sienten los demás, de lo que hacen o de las consecuencias de sus acciones. Sólo eres responsable de tus propias acciones.

Para iniciar el proceso, haz una lista que describa cómo quieres ser tratado por las otras personas en tu vida. La lista debe tener declaraciones claras sobre el tipo de comportamiento que no está dispuesto a tolerar. Por ejemplo, "no me descontamos" o "no hay culpa".

Hacer una lista puede ser un poco difícil, especialmente si tu autoestima está muy dañada o si has sido condicionado a sentir que no tienes ningún derecho. Si sientes que siempre eres responsable de las reacciones emocionales de otras personas, es posible que te sientas culpable por establecer límites.

Si así es como te sientes, recuérdate que tienes los mismos derechos que cualquier otra persona. En primer lugar, tiene derecho a decir, no. Una forma de escribir tu lista de límites es preguntarte a qué desearías poder decir "no". Todo lo que desea saque "no" a es un límite que puede establecer.

Por ejemplo, si tu madre siempre te llama el fin de semana y te pide que hagas mandados por ella sin importar qué más hayas planeado, probablemente desees poder decir que no en esa situación. La verdad es que puedes, solo necesitas establecer un límite claro. Añade "no hacer mandados para mamá sin previo aviso" a tu lista de límites.

Una vez que tenga su lista, adjunte una consecuencia realista a cada límite. Por ejemplo, "si alguien trata de hacerme sentir culpable, no haré lo que me pide que haga" o "si alguien me grita, me iré e iré a un lugar seguro".

Las consecuencias no deben ser represalias, sólo pasos básicos y lógicos para protegerse a sí mismo y a sus propios límites. Para cada situación de su vida que se sienta abusiva o manipuladora, debe tener un límite claramente definido y una consecuencia claramente definida. El objetivo es saber lo que harás con anticipación, por lo que no necesitas reaccionar emocionalmente cuando la situación se presente.

Afirmarse a sí mismo

Hacerte valer no es lo mismo que ser agresivo u hostil y es completamente diferente de ser pasivo-agresivo o resentido. Para afirmarse eficazmente, es esencial mantener la calma.

Defienda usted mismo, pero no deje que el narcisista presione sus botones. ¡Casi seguro que lo intentará!

Sea lo más directo posible. Por ejemplo, si tu pareja se lanza a una pista sobre tus deficiencias, no respondas con un contraataque o una pista resentida sobre cómo te sientes. En su lugar, solo diles que no estás dispuesto a participar en una conversación en la que te están colocando y luego aléjate de la conversación.

Si alguien está tratando de engañarte para que pases tiempo con ellos, dile que no estás disponible y déjalo en eso. Si te dicen que no te importan debido al límite que estás estableciendo, diles que no estás de acuerdo, o lo ves de manera diferente.

Siempre que te afirmes, sé lo más claro posible sobre lo que estás dispuesto a hacer y lo que no estás dispuesto a hacer. Sigue los límites que te has fijado y te niegas a enfrentarte a cualquier intento de manipularte.

Si la persona con la que estás hablando está siendo abusiva, confronta lo que está haciendo en los términos más claros. Por ejemplo, "No me gusta cuando me llamas estúpido. Si quieres continuar esta conversación, no vuelvas a hacer eso".

Establecer límites claros puede tomar un poco de tiempo porque el narcisista tiene que ver que realmente lo dices en serio. Tratará de empujarlo, probando para ver si tu determinación se debilitará. Sigue con tus consecuencias cada vez, y el narcisista aprenderá a respetarlas o abandonará la situación.

Proyección

La proyección es simple si un mecanismo de defensa psicológica inmaduro en el que las emociones negativas y la autocrítica se proyectan hacia otra persona para evitar tener que enfrentarlas directamente. Los narcisistas usan la proyección todo el tiempo porque su yo verdadero o interior es lo opuesto al yo falso o ideal que quieren que otros vean.

Cada vez que algo les recuerda cómo realmente se sienten dentro, se defienden proyectando la emoción negativa sobre otra persona. Cuando el narcisista se sienta incompetente, te acusará de incompetencia. Cuando el narcisista se sienta feo, te llamará feo. Cuando el narcisista se sienta inútil e insanable, hará todo lo que esté en su poder para hacerte sentir inútil e insanable.

Comprender este proceso es la clave para no ser controlado por él. Si tienes límites poco claros, es difícil no absorber lo que dice el narcisista. Cuando tus límites son más fuertes, puedes ver que el narcisista no está hablando realmente de ti en absoluto, ella está hablando de cómo se siente dentro.

Usted puede hacer frente a los francotiradores y las bajadas menores negándose a reaccionar de la manera que el narcisista está esperando. El narcisista siempre está buscando una respuesta emocional porque no importa cuál sea la emoción, demuestra el poder que el narcisista tiene en la situación. Si respondes con calma y no tomas el cebo, puedes evitar darles más poder. Por ejemplo, si tu pareja dice, "la casa es un desastre terrible, nunca haces nada por aquí", puedes decir, "Sí, podría ser recogida, si lo hacemos ahora?" sin reaccionar a la acusación.

A veces es mejor ignorar cualquier cosa insinuada o implícita, pero responder directamente a insultos o derribos estableciendo un límite firme. De cualquier manera, el punto clave es no reaccionar de ninguna manera que le dé al narcisista más del poder que anhela.

Recuérdate que no está hablando de ti en primer lugar. Realmente está describiendo su propio yo interior, el yo que no puede soportar enfrentar o tratar. No te lo tomes como algo personal, pero no dejes que lo use como excusa para maltratarte. Las acciones del narcisista pueden ser impulsadas por el sufrimiento, pero no tiene derecho a infligir sufrimiento sobre ti como su estrategia de afrontamiento.

La codependencia a menudo hace que sea difícil lidiar con la proyección porque la persona codependiente también tiene una relación dolorosa con el yo interno. Es posible que hayas recibido mensajes tóxicos en la infancia que te dieron un sentido distorsionado de quién eres. Por ejemplo, usted puede tener una imagen de sí mismo tan negativa que le resulta fácil aceptar la crítica y casi imposible aceptar elogios. Cuando alguien te dice algo bueno sobre ti mismo, no puedes oírlo o creerlo. Cuando alguien te dice algo malo sobre ti mismo, se siente como la verdad.

Tu autoimagen negativa proviene de tus propias experiencias y no tiene nada que ver con cualquier crítica o culpa que el narcisista te esté lanzando. Puede parecer que ve la horrible verdad sobre ti, pero eso no es lo que está pasando en absoluto. El narcisista no puede ver el interior de ti, para bien o para mal, por lo que sus comentarios nunca pueden representar una visión especial de quién eres realmente. No importa lo terrible que diga, siempre está describiendo lo que siente por sí mismo. Siempre es una proyección.

Es importante trabajar en tu autoestima, lo que puede significar recibir terapia para lidiar con las creencias tóxicas que absorbiste en la infancia. Ya sea que estés en terapia o no, entender la proyección es esencial para lidiar con el abuso narcisista.

Tratar con padres narcisistas

Para muchas personas con codependencia, el primer narcisista que conocieron fue su madre o su padre. Establecer límites puede ser mucho más difícil con la familia que con otras personas porque la familia generalmente te conoce mucho mejor y tiene mucha más práctica presionando tus botones.

Algunas personas eligen no tratar con sus padres en absoluto porque no pueden establecer límites de ninguna otra manera. Si todavía quieres mantener una relación con tus padres, aprender a tener mejores límites puede ser la única manera de hacerlo.

La clave es separarse, lo que no significa moverse lejos (aunque eso funciona para algunas personas) o dejar de preocuparse, pero dejar de asumir la responsabilidad de los sentimientos de sus padres. Sólo porque tu madre quiera algo no significa que sea tu responsabilidad proporcionarlo. Sólo porque tu padre espera que lo priorices en todo momento no significa que tengas que hacerlo.

Por ejemplo, si tu madre espera que tomes sus llamadas telefónicas incluso cuando estás ocupado, es posible que te sientas como un niño malo si no aceptas la llamada. Sin embargo, no eres responsable de manejar sus emociones. Da un paso atrás y despréndase emocionalmente, y dile que la llamarás cuando ya no estés ocupado. Eso no te convierte en un niño malo, solo significa que tienes que administrar tu tiempo como todos los demás.

Tu madre o tu padre pueden tratar de culparte por no ir con lo que quieren. Por ejemplo, pueden enviarte mensajes de texto o dejar mensajes de correo de voz para chantajearte emocionalmente. Establece límites claros cuando esto suceda: "Si quieres que pase más tiempo contigo, necesito que dejes de enviarme este tipo de mensaje".

A algunas personas les resulta más fácil establecer límites saludables cuando pueden mantener un poco más de distancia entre ellos y sus familiares. Por ejemplo, podría ayudar a quedarse con amigos o en un Airbnb cuando estás de visita en casa, en lugar de dormir en casa de tus padres. Esto le permite tomar un poco de espacio cuando necesita retirarse mientras sigue pasando tiempo con su familia.

Respuestas ineficaces

Algunas tácticas son efectivas cuando se trata de un narcisista, y algunas son ineficaces. Recuerda evitar estas respuestas comunes pero ineficaces, especialmente si tienes antecedentes de codependencia:

- Aplacar al narcisista
- Discutiendo con el narcisista
- Defender tus propias acciones
- Criticar al narcisista
- Mendicidad o súplica
- Culparte
- Hacer amenazas vacías

- Excusar, minimizar o negar el problema
- Evitar conflictos
- Tratando de que el narcisista te entienda

No Aplacar

Aplacar al narcisista sólo será contraproducente porque interpretará sus intentos de apaciguarlo como una victoria. Los narcisistas ven conflictos interpersonales en términos en blanco y negro: cada desacuerdo tiene un ganador y un perdedor. Si apaciguas al narcisista, sólo tomará esto como una admisión de derrota, animándolo a continuar con los mismos comportamientos. Una vez que dibujas una línea con un narcisista, tienes que apegarte a esa línea.

No Discutir

Discutir de un lado a otro con un narcisista es una propuesta de perder-perder porque se basa en la falsa suposición de que el narcisista comparte su deseo de un acuerdo eventual y entendimiento mutuo. En realidad, al narcisista sólo se preocupa por quién gana y quién pierde. Los hechos son irrelevantes para el narcisista, así que debatir cosas como quién dijo qué o quién hizo lo que sólo puede jugar en las manos del narcisista. Desviar cada intento de atraerte a un debate. El narcisista no está discutiendo de buena fe de todos modos, así que tratar de ganar una discusión o probar su punto sólo perdería su tiempo y energía.

No defiendas

Es natural defender tus acciones o tus motivaciones cuando alguien te está criticando, pero defenderte siempre es un error cuando estás tratando con un narcisista. ¿por qué? Es porque el narcisista está asumiendo algo que ella no tiene derecho a asumir, que es que ella tiene la autoridad para juzgar sus acciones como aceptables o inaceptables. Lo mismo vale para explicarse, lo que le dice a la narcisista que tiene derecho a exigir explicaciones. Como persona independiente, usted tiene derecho a tomar sus propias decisiones. No tienes que defenderte ni explicarte a nadie.

No critiques

Criticar al narcisista es un error por varias razones diferentes. En primer lugar, se supone que al narcisista realmente se preocupa por hacer lo correcto, cuando en realidad, sólo se preocupa por conseguir que sus propias necesidades se satisfagan. En segundo lugar, te abre al contraataque del narcisista, después de todo, si puedes juzgarlo, entonces él puede juzgarte. Tercero, puede desencadenar una explosión explosiva de ira narcisista. Los narcisistas no pueden manejar ni siquiera un toque de crítica porque expone la vulnerabilidad y el dolor del yo interior. En lugar de criticar al narcisista por sus acciones egoístas, es mejor establecer y hacer cumplir sus propios límites.

No Ruego

En el mundo mental en blanco y negro del típico narcisista, los que suplican y suplican son débiles y despreciables, mientras que los que reciben estas súplicas son fuertes y poderosos. Cuando suplicas a un narcisista que cambie su comportamiento, él ve esto como una clara confirmación de que él es fuerte y tú eres débil. En lugar de hacer lo que le suplicas que haga, el narcisista simplemente te verá con aún más desprecio y desprecio. Puede ser difícil recordar esto, pero sólo tienes el control de tus propias acciones. Concéntrese en lo que puede hacer, no en lo que él debe hacer.

No Culparte a ti mismo

Si no puedes controlar las acciones del narcisista (y realmente no puedes), entonces tampoco puedes ser responsable de ellas. La única persona responsable de cualquier acción es la persona que comete esa acción. Cuando el narcisista grita o se emborracha o hace agujeros en las paredes, esas acciones son suyas y solas. Es imposible para ti provocarlos o asumir cualquier responsabilidad por ellos. Recuerden, a las personas codeantes le cuesta entender y establecer límites entre ellos y los demás. Puede parecer que de alguna manera eres culpable de lo que el narcisista dice, hace o siente, pero eres dos personas separadas y sólo puedes ser responsable de tu propia vida.

No faroles

Nunca hagas una amenaza que no estés preparado para llevar a cabo porque el narcisista tomará esto como una señal de que realmente no lo dices en serio y que puede ignorar cualquier límite que intentes establecer. Por ejemplo, no digas "si te pillo haciendo trampa de nuevo, me mudaré" a menos que tengas la intención de hacer exactamente eso.

No denegarte

La negación es uno de los instintos más fuertes que tiene la persona codependiente, y tendrás que luchar contra ella durante mucho tiempo si eso es parte de tu historia y tu personalidad. Cuando sabes que algo no está bien, no servirá de nada fingir lo contrario. Es mejor enfrentarlo y tratarlo, incluso si te resulta doloroso o difícil. Esto incluye poner excusas para el comportamiento del narcisista o minimizar lo malo que es realmente el problema.

No evitar

Evitar un problema es muy parecido a negarlo y no hará nada a largo plazo para recuperar tu poder sobre tu propia vida. Huyendo de la escena de una conversación sobre la que has perdido el control a veces puede ser necesario para que puedas controlar tus emociones y dejar de jugar a cualquier juego que el narcisista quiera que juegues. Sin embargo, no puede establecer límites simplemente evitando cualquier conflicto, por lo que al final, tendrá que abordar la situación de una manera u otra.

No busques simpatía ni comprensión

Tratar de que el narcisista entienda de dónde vienes o incluso simpatizar contigo es una pelea perdedora. El narcisista no está interesado en entender a otras personas, sólo en obtener lo que necesita de ellas. Puede expresar simpatía bajo ciertas condiciones, pero su capacidad de sentirlo es limitada o inexistente. El objetivo de tratar con un narcisista no es ser entendido, sino establecer límites y asegurarse de que se respeten.

Lidiar con el abuso físico

El abuso físico no siempre es la forma de abuso psicológicamente más dañina. Muchas personas encuentran que el abuso emocional es más dañino para su bienestar general. Sin embargo, el abuso físico es peligroso de una manera diferente porque casi siempre aumenta con el tiempo. Muchos abusadores expresarán una intensa vergüenza y remordimiento por sus actos violentos en las secuelas inmediatas, pero eso no significa que no lo volverán a hacer.

Casi con toda seguridad lo harán, no importa lo que digan, y casi con toda seguridad empeorará.

El abusador puede tratar de evadir la responsabilidad de su propia violencia culpándolo sobre usted, por lo que los límites son especialmente importantes en este tipo de situación. No puedes ser responsable de las acciones de la otra persona, así que si dicen que los provocaste o los llevaste a ello, simplemente están tratando de esquivar la responsabilidad. Nunca es tu culpa.

Si tu pareja es físicamente abusiva, amenazante o violenta, es importante no minimizar el problema. La negación puede ser literalmente mortal. Busque ayuda de inmediato y haga un plan para garantizar su propia seguridad. No importa lo fuerte que sientas por la otra persona, no te engañes sobre una relación violenta. Nunca es aceptable que nadie te golpee, y si no tomas medidas de inmediato, volverá a suceder.

Capítulo 2

Superar los rasgos negativos de la personalidad

Hay varias tácticas diferentes que los narcisistas utilizan para manipular y abusar de otras personas. La lista que se utilizará en este capítulo no es completa, de ninguna manera, pero cubre las tácticas más utilizadas que emplean los narcisistas. Cada una de estas tácticas de manipulación puede ser dañina a su manera, y cada una está destinada a mantenerte en línea para el narcisista, haciendo lo que sea que el narcisista quiere que hagas, y proporcionándole un flujo constante de suministro narcisista.

El falso yo

Como se tocó brevemente antes, el narcisista crea un yo falso en un intento de manipular a los demás para que le gusten. El falso yo se utiliza para atraer a la gente y está cambiando constantemente. Tal vez una de las cosas más inquietantes de ver a un narcisista desde la distancia es verlo cambiar a medida que va de persona a persona. Puede que tenga ciertas peculiaridades y manierismos con una persona, pero tan pronto como se traslade a la siguiente, sus manierismos cambian por completo. Esto se debe a que está constantemente reflejando sus manierismos en un intento de conseguir que les gusten más.

Recuerde, personas como las que se relacionan con, y una de las maneras más fáciles de construir una relación o una relación entre las personas es a través de la duplicación. Naturalmente, las personas reflejan a las personas que les gustan o están cerca. Puedes ver esto si ves a una pareja en un restaurante para una cita. Es posible que los veas elegir tomar un sorbo de sus bebidas al mismo tiempo, o ambos se apoyan en sus codos mientras hablan. Esto se debe a que están sincronizados. Si tuvieras la capacidad de ver sus frecuencias respiratorias y cardíacas, es probable que te enfrentes con la sorpresa de que ambos también son bastante similares. El narcisista se aprovecha de esta forma de sincronizarse con los demás, utilizándola a su favor para crear lazos donde ninguno se desarrollaría naturalmente. Es quizás lo más parecido a la empatía de la que el narcisista es capaz de hacer.

El falso yo también sirve a otro propósito: el narcisista lo usa como un escudo entre su frágil sentido interior de sí mismo y el mundo que lo rodea. Finge ser alguien más seguro, para que la gente no se dé cuenta de la verdad sobre él. Lo utiliza para ser carismático, con la esperanza de acercar a más víctimas, o con el fin de desarrollar suficiente reputación positiva que no hay manera de que su víctima se vaya y realmente hacer que alguien crea que el narcisista fue abusivo.

Esto va un paso más allá y permite que el narcisista se sienta mejor consigo mismo también. Se siente más cómodo y confiado en la piel de otro porque él mismo tiene un sentido muy frágil y fracturado de sí mismo. La persona que está dentro no es de la que estar orgulloso, y es consciente de ello. Sin embargo, cuando asume la personalidad de otra persona, es capaz de vivir mejor consigo mismo. Actúa como si fuera otra persona, y obtiene información valiosa de esto. Aprende lo que funciona y lo que no, qué rasgos son cada vez menos deseables, y más. Al aprender esta información, es más capaz de manipular a los demás en el futuro. Sabe cómo ajustar sus comportamientos observando a las personas que emula y cómo logran atravesar el mundo. Esto lo hace más eficaz en general.

Ciclo idealización-Devaluación-Descarte

El ciclo idealización-devaluación-descarte es el ciclo en el que el narcisista te coloca en un pedestal y luego te derriba de él con la misma rapidez, dejándote revuelto e inseguro de tu lugar en su vida. Se utiliza para manipular y engancharte al narcisista, donde te mantendrá hasta que haya decidido que has hecho tu trabajo y él se aburra contigo.

Idealización

La primera etapa, la idealización, implica lo que se conoce como bombas de amor. Esta etapa busca construirte, duchándoles amor y afecto. El narcisista presiona para que la relación se mueva más rápido de lo que puede sensato, y se te acerca con más tenacidad de la que normalmente se espera al principio de una relación. Quiere que sientas el romance torbellino más intenso que hayas sentido, y se refleja exactamente en la persona que quieres que sea. El personaje que crea es todo lo que has deseado en esta etapa, y te mostrará lo cariñoso y cariñoso que puede ser.

En esta etapa, está escuchando atentamente todo lo que dices, aprendiendo todo sobre ti y tus inseguridades. Cualquier información que proporcione en esta etapa cuando esté confiando en alguien en quien cree que puede confiar, puede y será utilizada en su contra más adelante. El narcisista estará atento ahora, pero es sólo para aprender lo que puede usar para manipularte cuando llegue el momento.

La etapa de idealización sigue repuntando con el tiempo, y el narcisista se vuelve más pegajoso y cariñoso. Siempre quiere pasar tiempo contigo, y rápidamente lo explicas como pasión o tratas de percibir su exceso de celo como romance. Rápidamente te encuentras enganchado a la intensidad, disfrutando de cada momento de ella, y finalmente quieres buscarlo tú mismo. Te encuentras tan dispuesto a pasar tiempo con el narcisista como él para pasar tiempo contigo, y tu relación con él lentamente comienza a consumir otros aspectos de tu vida. Empiezas a pasar más y más tiempo con el narcisista y menos tiempo con otros a tu alrededor.

Devaluación

Tan rápido como la chispa de tu relación se incendió, rápidamente la encuentras ardiendo. El narcisista parece estar alejando en esta etapa, y no puedes averiguar por qué. Si preguntas qué está mal, el narcisista niega que haya un problema en absoluto. Insiste en que todo está bien, pero la distancia se ha puesto entre ustedes. Puede comenzar a degradarte o llamarte nombres, dando a entender que te equivocas con las cosas, o que eres indigno de su tiempo.

Confundido, te encuentras desesperado por averiguar qué cambió tan de repente. No entiendes por qué el narcisista de repente te quitó el afecto y lo reemplazó con esto. La razón es que ha decidido devaluarte. El propósito de esto es conseguir que anhelas más. Haces lo que sea necesario para volver a las buenas gracias del narcisista, sabiendo que es donde quieres estar. Quieres estar con el narcisista cuando él es amoroso, no cuando te ve como invaluable. Se aprovecha de esto y se da cuenta de que, efectivamente, ha sido atrapado en su red y usted estará dispuesto a soportar su maltrato. Puede volver a la etapa idealizadora en este punto si usted ha hecho un trabajo suficiente de demostrar que usted está dispuesto a hacer lo que sea necesario para mantenerlo feliz, o puede pasar a la etapa de descarte.

Deseche

Eventualmente, el narcisista decide que ya no te quiere cerca. Tal vez no estabas lo suficientemente dispuesto a soportar su abuso, o tal vez ha encontrado a alguien más que lo aguanta mejor. Los narcisistas prefieren no trabajar mucho por lo que quieren y a menudo toman el camino de la menor resistencia para obtener su suministro narcisista. Si ya no eres el camino de menor resistencia, serás descartado.

En este punto, el narcisista esencialmente te corta. Es probable que no responda a los mensajes que envíes o a tus intentos de reconciliarte con él. En cambio, sigue adelante tan rápido como voló a tu vida, listo para pasar a otras víctimas.

A veces, el narcisista eventualmente se moverá de descartarte a idealizarte de nuevo. Esto puede suceder si decide que quiere mantenerte como respaldo, o tal vez ha decidido que quiere algo que tienes que ofrecer que otras personas no. Independientemente de la razón, el ciclo comenzará de nuevo en este punto, comenzando con la idealización.

Manipular

Manipular es una de las tácticas de manipulación más peligrosas que usan los narcisistas. Este implica que el narcisista te convence de que estás loco o incapaz de entender la realidad que te rodea. Cuando el narcisista decide encenderte el gas, quiere que descartes tu propia percepción de lo que pasó y en su lugar te concentres en la que él insiste en que sucedió. Por supuesto, el narcisista está tratando de inculcar una narrativa falsa en ti en lugar de la verdad.

Lo hace con el tiempo para debilitar tu comprensión percibida de la realidad. Si se le cuestiona repetidamente si su memoria es defectuosa o no, usted es propenso a creerlo eventualmente, especialmente cuando se trata de alguien que amas y en quien confías para no lastimarte. Esto es lo que hace que este abuso sea tan insidioso: la víctima ha confiado en el abusador, y ha sido traicionado tan a fondo que la víctima se siente como si ya no puede confiar en la realidad tal como la percibe.

El narcisista hace esto con más frecuencia a través de negar su relato de lo que sucedió. Si dices que el narcisista comenzó una pelea, él negará vehementemente que una pelea sucedió en absoluto, diciendo que debes haberlo imaginado y preguntando si estás bien, o él dirá que hiciste algo para instigarla en lugar de permitir que la culpa se mantuviera sobre él. De cualquier manera, la percepción de la verdad ha sido alterada de alguna manera, y el narcisista está contando con que confías lo suficiente en el narcisista como para no creer a ti mismo en lugar de no creer al narcisista. Después de todo, la mayoría de la gente no pensaría que alguien intentaría hacerles creer que están locos, especialmente si es alguien que creen que los ama.

Con frecuencia, las declaraciones de algo que es falso o que nunca sucedió se emparejarán con el narcisista señalando otras veces en las que realmente olvidaste algo. Si olvidaste todo acerca de una cita que tuviste la semana pasada, por ejemplo, el narcisista podría señalarlo y luego mirarte con preocupación y preguntar si lo estás haciendo bien. Puede dar a entender que necesitas ver a un psicólogo, o que pareces estar perdiendo el contacto con la realidad, lo cual es aterrador para la mayoría de la gente. Entonces te quedes sintiéndote dudoso acerca de lo que realmente había sucedido. En lugar de decir lo que piensas, asientes con la cabeza y estás de acuerdo con el narcisista, sin querer empujar el punto o encontrarte como loco. Para las personas que no son abusivas, la idea de jugar con la mente de alguien de esta manera es absolutamente aborrecible, por lo que no crees que el narcisista pueda estar manipulándolo, particularmente si no sabes lo que es el narcisista en este momento.

La última ironía aquí, sin embargo, es que el narcisista es el que tiene la percepción sesgada de la realidad. De hecho, puede incluso haberse hecho creer de lo que te está convenciendo, y eso es lo que lo hace tan creíble, literalmente puede creer lo que está diciendo si encaja mejor con su narrativa que lo que realmente sucedió. En última instancia, en caso de duda, usted debe confiar en su instinto. Especialmente si te has estado preguntando si estás siendo abusado, nunca debes confiar en lo que el narcisista puede estar diciéndote. Tu propia percepción

Campañas de desprestigio

Las campañas de desprestigio involucran al narcisista que intenta destruir absolutamente la reputación de otro por todos los medios posibles. El objetivo final es empañar total e irrevocablemente la imagen de alguien que siente como si hubiera sido expulsado de sus círculos sociales. Esto suele suceder cuando de alguna manera has enfurecido a un narcisista de una manera u otra, y el narcisista siente la necesidad de buscar venganza sobre ti y asegurarte de que en última instancia eres la parte más herida.

Imagina que acabas de cortar a tu ex narcisista después de divorciarte finalmente. El narcisista, sintiendo que no puede permitir que alguien empañe su propia imagen a través de cortarlo, en su lugar crea una historia en la que realmente se ha divorciado y te ha cortado. Por lo general, su razón para haberlo hecho es una que la mayoría de la gente encontraría absolutamente aborrecible, e incluso puede ser la razón por la que ha elegido divorciarse de él. Por ejemplo, si te divorciaste de él porque te engañó en tu propia casa, llegando a traer a las otras mujeres a tu propia cama, que tú, personalmente, compraste, y luego él procedió a atacarte o agredido físicamente después de que te enfrentaste a él , él giraba esa historia a todos los demás en su lugar. Tú serías el que tuviera una aventura en su cama, y lo habías atacado cuando entró y empezó a llorar porque arruinó el estado de ánimo.

El narcisista entonces haría girar esta historia a todos los que escucharan. Si vives en un pequeño pueblo, él le dirá a todo el mundo: El tendero, el encargado de la gasolinera, e incluso las personas al azar que pasa paseando a su perro. El punto es arruinar tu imagen, y no retiene nada. Incluso gira cosas para decir que es una gran persona por no presentar cargos porque te ama tanto y quiere lo mejor para ti, incluso si lo mejor no es él.

Las mentiras pueden no parar allí e incluir historias sobre cómo habías estado drogado, o que robaste un auto cuando estabas borracho una noche y que le diste varias TESIS. No se detendrá ante nada para destruir tu reputación con el fin de proteger la suya y dañar la tuya.

Insistirá en todo esto tan firmemente que algunas personas probablemente le crean, y ese puede ser el final para que usted pueda encontrar trabajo en un pequeño pueblo, donde la reputación lo es todo. Al final del día, el narcisista hace esto para recuperar el control de una situación que se descontroló. Puede que lo hayas cortado, pero él recibió la última palabra arruinando tu ciudad natal por ti. Puedes lidiar con los rumores e intentar controlar el daño, o puedes seguir adelante con tu vida y esperar que el narcisista no te encuentre de nuevo.

Recuerda, a pesar de que el narcisista te ha arrojado esto, puedes ser la mejor persona y elegir no involucrarte en absoluto. Probablemente serás más feliz a largo plazo si te niegas a confrontarlo sobre sus mentiras. Todo lo que haría es probarle que podría obtener una reacción de ti, y recordará esa táctica para uso futuro.

Triangulación

La triangulación involucra a tres personas que están interactuando entre sí, en las que uno intenta manipular, engañar y abusar de otra persona mediante el arma de una tercera persona. Se trata de tres personas diferentes: el perseguidor, el rescatador y el perseguido.

El perseguidor es alguien que cree que ha sido víctima de alguna manera, forma o forma. Se siente como si hubiera sido herido de alguna manera, aunque su papel de víctima interiorizado es muy probablemente injustificado en este caso. Como has aprendido, el narcisista prospera en victimizarse a sí mismo, incluso cuando él ha sido el que lastimó a otras personas.

Típicamente, el triángulo comienza cuando el narcisista injusta a los perseguidos, que responde desfavorablemente. El perseguido puede llamarlo por un comportamiento tan atroz y pedir que no se le vuelva a faltar al respeto. A pesar de que el perseguido podría haber dicho que de la manera más agradable posible, con una sonrisa en su rostro y ofreciendo al narcisista un ramo de amistad, el narcisista toma algún tipo de culpa con lo que se ha dicho. Se siente avergonzado de que lo llamaran, y usa esa vergüenza para decir que él es la víctima.

El narcisista entonces llama al rescatador para que venga en su ayuda. No ve ningún problema usando a otra persona para pelear sus batallas, ya que los fines justifican los medios cada vez para el narcisista. El narcisista le dice al rescatista una especie de mentira sobre lo que ha sucedido, sesgándolo lo suficiente como para que la historia sea lo suficientemente convincente como para que el rescatista se involucre. Puede decir que el perseguido ha estado hablando mal tanto del perseguidor como del rescatador, o puede decir que el perseguido ha estado intentando aprovecharse de ambos. No importa lo que diga, es fabricado con el fin de conseguir que el rescatador también trate de interrumpir una relación con los perseguidos.

El perseguido, al igual que la persona que fue víctima de una campaña de desprestigio, encuentra su reputación completamente destruida e incluso puede haber perdido una relación o trabajo debido a las acciones del narcisista. Mientras tanto, el narcisista se sienta felizmente en su esquina, contento de que su propio vigilante justicia ha sido servida. No le importan las implicaciones de sus acciones, o que el perseguido si ha perdido un trabajo debido a los comportamientos del narcisista, pueda seguir alimentando a su familia. Al narcisista no le importa nadie involucrado más allá de sí mismo.

El perseguido entonces se queda tratando de recoger las piezas de su vida que se quedan atrás, particularmente si las consecuencias de la triangulación fueron devastadoras, y tratando de seguir adelante con la vida. El narcisista es entonces capaz de salirse con la suya con este comportamiento, a pesar de lo injusto que era, y lo equivocados que eran los comportamientos del narcisista. Puede tratar de defenderse, pero probablemente sólo va a ser víctima de un nuevo ataque del narcisista y el rescatador del narcisista en respuesta.

Capítulo 3

––––– ⚜ –––––

Entender tu pensamiento

Cómo has aprendido sobre el proceso de curación y cómo funciona la sanación espiritual, es hora de pasar al siguiente aspecto de la sanación.

Al igual que una casa que tiene cuatro paredes, también se compone de cuatro paredes. Estas cuatro paredes o pilares son lo que te convierten en la persona que eres y te ayudan a crear una identidad para ti mismo.

Los cuatro pilares son los siguientes:

- autoestima

- autoestima

- autoconfianza

- amor propio

Usted debe haber notado que a lo largo del libro, estas palabras se han utilizado generosamente. Estos son los cuatro pilares sobre los que se apoya todo ser humano. Estos pilares ofrecen el apoyo para vivir la vida, para abordar los problemas que la vida te lanza y para experimentar finalmente una vida plena.

La relación con un narcisista duele mucho y causa daño interno porque un narcisista ataca metódicamente los cuatro pilares. Se asegura de que no deje piedra sin girar para dañar cada pequeña parte de los cuatro pilares que no te deja otra opción que caer.

Para ayudarte a entender esto mejor, imagina una tormenta que está arrasando. ¿Alguna vez has visto la destrucción que causa una tormenta y te has preguntado cuánto tiempo tardan las personas y los hogares afectados por la tormenta en recuperar su vida?

Eres exactamente similar a la persona atrapada en una tormenta. Un narcisista te ataca sin previo aviso como una tormenta cuando menos lo esperas o estás menos preparado. Ataca todos tus pilares y perturba los cimientos sobre los que estás de pie, así que te caes y te derrumbas como aquellas casas que caen en una tormenta o árboles masivos que se desarraigan. La destrucción es tanto que los pilares tardan meses y, en algunos casos, años en reconstruirse.

Hay algunas prácticas básicas que puede hacer para ayudar a reconstruir los pilares.

Autoestima

La autoestima significa esencialmente apoyarse a sí mismo. Es cuánto control tienes sobre ti mismo, tu mente, tu cuerpo y tus comportamientos. La autoestima también tiene que ver la percepción que tienes sobre ti mismo y cómo te ves a ti mismo.

Lo opuesto a la autoestima es el autosabotaje o el auto daño. Durante el proceso de curación, es importante que construyas tu autoestima.

Puedes comenzar haciendo cosas simples que te dirán que tienes el control de la situación. Puedes empezar por abordar cosas básicas como la higiene que podrías estar ignorando ahora mismo debido a tu timidez o depresión. Algo tan simple como tener una rutina diaria para tomar una ducha o vestirse decentemente incluso cuando estás en casa puede ayudarte a recuperar un sentido de control. Estos pasos para bebés te ayudarán a abordar los problemas más grandes.

Autoestima

Se trata de conocer tu valor y respetar tu valor. Es creer que vales la pena el respeto, el amor y el afecto. Lo opuesto a la autoestima es la vergüenza y la indignidad.

Después del abuso, el narcisista se habría asegurado de que sintieras un profundo sentido de vergüenza y te odia ras a ti mismo. La autoestima también se trata de defender sus derechos y defenderse a sí mismo y en lo que cree.

Tienes que concentrarte en el valor para construir la autoestima. El valor no significa tratar de escalar las montañas o correr en la naturaleza. Coraje significa tomar medidas para cambiar tu vida activamente. Puede ser solicitar otro trabajo, poder negociar un buen sueldo que te mereces, solicitando a la escuela si siempre quisiste terminar la escuela, etc. Significa identificar algo que querías hacer pero nunca lo has hecho porque creías que no valías la pena.

También viene al no comprometer sus valores o hacer cosas que se siente incómodo haciendo. Habrías comprometido tus valores mientras intentabas apaciguar al narcisista. Una vez que desarrolles valor, no comprometerás tus valores y así desarrollarás la autoestima. Independientemente de lo que hayas llegado a creer en ti mismo, Dios nuestro padre tiene una visión muy diferente de quién eres. Elijo creer que su palabra y cambió mi vida por completo. Pasé de sentirme perdido, a encontrar esperanza en sus promesas. Si aún no has leído ese libro, te sugiero que lo hagas. Si has intentado todo lo demás, y años después de dejar a tu abusador todavía te sientes atascado, enojado y roto, te sugiero que comiences por conseguir una Biblia. Lee con la mayor frecuencia posible y te garantizo que verías un cambio en tu vida.

Autoconfianza

La autoconfianza consiste en confiar en ti mismo, en tu juicio. Significa tener fe en ti mismo y tener confianza en tus decisiones. Significa no adivinar en segundo lugar cada decisión y preocuparse por ello.

Cuando careces de confianza en ti mismo, vives en constante miedo y duda. Durante la relación con el narcisista, poco a poco empiezas a perder la autoconfianza sin darte cuenta. Sucede en silencio, y antes de que te des cuenta, estarás dudando de todo. El narcisista logra esto mediante la jadeando y desviando la culpa.

La única manera de reconstruir la autoconfianza es escuchar tu intuición. La sensación intestinal de la que todo el mundo habla es de lo que debes prestar atención. Si algo no te parece bien, entonces confía en ese instinto y déjalo ir. El sentimiento de inserción es más tangible que algunas formas más de intuición. La sensación de inserción nunca está mal, ya que es tu voz interior tratando de guiarte y protegerte del peligro o de algo que no es adecuado para ti.

Tu instinto y tu intuición dejan de funcionar una vez que empiezas a ignorarlos. Es como ignorar a tu mejor amigo que no tiene más que las mejores intenciones para ti. Una vez que empiezas a ignorar tu intuición y tu instinto, ya no te guían, y es cuando tomas los pasos equivocados.

Desvelo escuchándolo. Sigue lo que tu instinto dice y ve el cambio.

Auto-Amor

Finalmente, el cuarto pilar, el amor propio se trata de cuidar y nutrirse. Se trata de tratarte bien. El amor propio toma un asiento trasero durante la relación con un narcisista porque el narcisista quiere y exige todo el amor. Cuando estás en una relación con un narcisista, dejas de estar en una relación contigo mismo. Poco a poco dejas de amarte y entras en modo de abnegación y auto juicio. Te juzgas mal y tratas de racionalizar todo el mal comportamiento que muestra el narcisista. Cuando no te amas a ti mismo, entras en un modo agradable a la gente y desarrollas un complejo salvador. A estas alturas, ya sabes lo peligroso que es el complejo salvador para tu salud y cordura. Empiezas a creer que eres feo y dejas de cuidar tu salud.

La medicina para esto radica en amarte a ti mismo. Esto se puede lograr dando pequeños pasos como cocinar su comida favorita, comer alimentos saludables y comer comidas regulares. También podría tratarse en un salón o spa y simplemente mimarse a sí mismo.

Puedes concentrarte en las cosas que quieres cambiar sobre ti mismo y, lo que es más importante, aceptar lo que no puedes cambiar. La autoaceptación es parte del amor propio porque si no te aceptas tal como eres, entonces no hay manera de que otra persona o el mundo te acepte como eres. Esto se debe a que otros te tratarán tan bien o tan mal como tú te tratas a ti mismo. Al tratarse bien, está enseñando al mundo cómo deben tratarte y transmitiendo tus límites y deseos a ellos.

¿Cuánto tiempo se tarda en sanar por completo?

Esta es una pregunta que atormenta a la mayoría de las víctimas porque puede parecer para siempre sin fin a la vista. Muchos días puedes ir a la cama deseando que no tengas que levantarte a la mañana siguiente porque tienes miedo de lo malo que será el día. Usted se sentirá constantemente como si no hubiera luz al final del túnel.

No te ahogues en esta desesperanza porque este tipo de pensamiento negativo te llevará rápidamente de vuelta a la tierra de las víctimas. El viaje a la tierra de las víctimas es un viaje en avión gratuito donde alcanzará los niveles más profundos de miedo, odio y disgusto en cuestión de minutos, pero recuerde que el viaje a la tierra de las víctimas significa que no hay retorno.

Por lo tanto, aferraos a tus caballos. Consuela el hecho de que Dios te ha dado esta increíble oportunidad de curarte, y puedes empezar acercándote a él. La curación que proviene de tu espíritu, es exactamente lo que necesitas para el maltrato psicológico, sólo porque muchas de las cicatrices que tienes no son físicas.

Hay innumerables mujeres que pasan toda su vida atrapadas en la tierra de las víctimas y nunca viven una vida feliz y plena.

La verdad es que no hay una línea de tiempo para la curación. No es un cálculo matemático con resultados definidos. No confíe en nadie que le esté diciendo que no toma más de un mes o dos para recuperarse. Tampoco debe prestar atención a otras víctimas que dicen haber sanado en un tiempo récord. No estás compitiendo con nadie, se trata del resto de tu vida, y la curación debe ser minuciosa y profunda para ser sostenible.

Este viaje es un viaje espiritual, y el destino eres tú, así que puede ser un mes para algunos; puede tomar un año para algunos, y algunas personas pueden tomar varios años. La curación depende de varios factores, pero sobre todo, depende de lo comprometido que estés con el proceso. A veces no verá ningún progreso en absoluto. También habrá ocasiones en las que desde una etapa de avance dará dos pasos hacia atrás por razones que no puede entender a sí mismo. A pesar de esto, persiste. La persistencia hace magia. Lleve un diario y anote todo para que cuando se sienta desmotivado, pueda volver a las páginas y ver hasta dónde ha llegado.

Celebre cada hito y tome nota de ello. El reconocimiento ayuda a desarrollar el amor propio y te llevará a la aceptación. Una vez más, usted necesita entender que usted no está en competencia con nadie más que usted mismo en esto y esto no es una carrera. Curarse del abuso narcisista no es como correr un sprint, pero es más como un maratón. Por lo tanto, puntúate y mantén el impulso en marcha.

No importa si se tarda unos meses más, pero es importante que sanes completamente y salgas del maratón con colores voladores.

Capítulo 4

Opciones y autodescubrimiento

Cuando los adultos maltratados por sus abusadores comienzan a desarrollar un sentimiento positivo hacia las personas que abusan de ellos, se conoce como síndrome de Estocolmo. A medida que toda la situación abusiva progresa, te encuentras como un niño y dependes demasiado de tu abusador. Empiezas a estar agradecido por el más mínimo signo de afecto y aprobación que te muestran. Eventualmente, terminas uniendo con tus captores y terminas amándolos más.

Pero de nuevo, ¿cómo se aplican todos estos a una relación narcisista?

Etapa 1: Recompensas continuas sin nada dado a cambio

Al principio, lo único que tienes que notar es que tus objetivos individuales narcisistas al apoderarse de ti. Es por eso que empezarán a darte pellets emocionales en forma de amor, validación y afecto, gestos dulces e incluso alabanzas. Te hacen creer que eres una persona maravillosa y esto te hace bien.

La verdad es que no estás solo; todos disfrutamos siendo acariciados y amados por alguien que nos gusta. Esto es necesariamente lo que llamamos "bombardeo de amor" todo lo que están buscando a cambio es que usted continúe dándoles la oportunidad de demostrar su amor por usted.

Etapa 2: Recompensas de rendimiento

Una vez que el narcisista se siente lo suficientemente seguro contigo, de repente dejan de recompensarte continuamente. Lo único que ahora obtienes es simplemente atención positiva, especialmente cuando calmas su ego y haces cosas que los hacen sentir bien.

La verdad es que obtienes suficiente atención positiva que no te das cuenta de que ahora la única vez que recibes una recompensa es cuando "presionas la barra de comida" por así decirlo. En otras palabras, el narcisista te está acicalando para que puedas complacerlos continuamente en tu vida.

Etapa 3: ¡Aumento de la devaluación, disminución de recompensas!

Durante esta etapa en particular, el narcisista comienza a abusar de ti y a ser demasiado crítico contigo. Quieren controlarte y ponerte las oportunidades que tengan aunque eso signifique hacerlo en público. Usted puede obtener 'recompensas' ocasionales, pero la verdad es que en este punto son bastante impredecibles. Lo malo está empezando a superar lo bueno. En otras palabras, ahora está en 'refuerzo intermitente'.

Etapa 4: Te ponen en llamas

En este punto en particular, si nunca has estado en una relación narcisista antes, hay una alta probabilidad de que te desconcierta toda la experiencia preguntándote cómo y por qué está sucediendo esto. La respuesta es con tu amigo narcisista que piensa que eres la causa de todos los problemas. Te culpan y piensan que si hicieras a, b, c y dejaras de ser 1, 2, 3, todo sería perfecto. Terminas dudando de tu percepción de la realidad.

Todo lo que puedes hacer ahora en este punto es volverte adicto, irte y acariciarse. Eres adicto a la validación y aprobación narcisista. La verdad es que has dejado de pensar racionalmente y en lugar de proyectar tu odio al abusador, te aterrorizas al pensar en perderlos con otra persona. Debido a lo que mencionamos anteriormente acerca de la "vinculación de trauma" no puede ver lo obvio y ya no le importa cómo se siente y qué daño esto está haciendo a su vida.

Si empiezas a invocar tu fuerza interior para que puedas renunciar, de repente cambian sus tácticas. Intentan todos los medios para asegurarse de que te chupan de la misma manera que una aspiradora hace 'aspirar'. Empiezan a hacer algo menor como comprarte un pequeño regalo, comentar positivamente tu vestimenta, vincular tus publicaciones en las redes sociales entre otros. Si eso no parece funcionar, trabajan más duro simplemente volviendo al "bombardeo del amor" En otras palabras, cuanto más seas resistente, más difícil tratarán de recuperarte.

En este punto, lo triste es que muchos de nosotros somos vulnerables y terminamos siendo absorbidos en la relación de nuevo. Sobre todo es porque comenzamos a adivinar si hay cambio o si terminas lamentando esta decisión por el resto de tu vida y bla bla bla bla. En otras palabras, lo que estás haciendo es ignorar todo lo que sabes sobre tu abusador con la esperanza de que se hayan transformado mágicamente en alguien más amoroso, decente, estable y confiable!

La verdad es que es bueno sentirse amado y querido. Pero tienes que darte cuenta de que son sólo salves calmantes para tus heridas. No olvides que te han destruido y te han causado tanto dolor, pero has invertido todo tu tiempo y recursos en la relación. No vieron eso, pero te desecharon como basura de todos modos.

Antes de que puedas empezar a tomar decisiones precipitadas y justificar por qué sigues en la relación con este narcisista, pregúntate qué te hace estar tan seguro de que no lo volverán a hacer y tal vez esta vez, aún peor. Sólo sé que, una vez que te succionan de nuevo, pronto dejarán de recompensarte y el ciclo de abuso comienza de nuevo. Entender que el narcisista puede entrenar incluso a las personas más fuertes para que creyeran y se sometan a ellos usando la combinación correcta de alabanza y castigo. ¿Estás listo para eso otra vez?

Capítulo 5

Narcisismo en las familias

Tratar con un narcisista es increíblemente difícil en el mejor de los tiempos, pero hay muchas maneras diferentes de manejar tu relación. Independientemente de si usted está interesado en cortar todos los lazos para bien o usted está en una posición de tener que continuar algún grado de contacto con un narcisista, entender algunas de las maneras de lidiar con los comportamientos tóxicos del narcisista puede ayudarle a minimizar sus riesgos de daño y abuso. También puedes hacer que el narcisista pierda interés en ti y pase a otros objetivos cuando demuestres que eres invulnerable a sus tácticas manipuladoras.

Tenga en cuenta que esto será un esfuerzo de prueba y error, y no todos los métodos discutidos aquí pueden ser útiles o productivos en su situación única. Considere cada método cuidadosamente para decidir si satisface sus necesidades y puede ayudarle, y una vez que haya elegido un método, es importante recordar mantenerlo. No importa cuánto el narcisista pueda empujar y tratar de recuperar su atención, sea consistente con el fin de obtener el mejor efecto de sus acciones. Ninguno de estos métodos es fácil, y cada uno tomará una cantidad gigantesca de esfuerzo, pero cuando finalmente llegas al otro lado y te das cuenta de lo muy libre que eres del abuso del narcisista, reconocerás que valió la pena cada onza de esfuerzo que pusiste en él.

Cortar el narcisista

La forma más fácil de evitar el daño de un narcisista es poner fin a la relación por completo. Negarse a participar en la relación a toda costa. Dar un gran paso atrás de la relación puede ser necesario para que pueda saciar su cabeza y ver las cosas para lo que son. Esto es típicamente un cambio permanente y una decisión y es la única manera segura de asegurarse de que el abuso narcisista se detiene. Si te niegas a jugar el juego en absoluto, el narcisista no puede manipularte.

Además, al rechazar cualquier tipo de compromiso o comunicación con el narcisista, eres capaz de negar el motivador más fuerte del narcisista: Tu atención. De repente te quitas como una fuente confiable de suministro narcisista, y si continúas negando al narcisista, en última instancia, tendrá que ir a otro lugar para satisfacer su necesidad.

Tenga en cuenta que cuando usted hace este método, habrá un período que, en psicología, se llama una explosión de extinción. Considere un experimento en el que se enseñe a una rata a presionar un botón para obtener un pequeño mordisco de caramelos. La rata aprende muy rápidamente a esperar que los dulces cada vez que se presiona el botón, y el comportamiento de presionar un botón se refuerza positivamente. La rata hace esto para obtener los dulces y lo hace repetidamente. Si la tarifa sube y presiona el botón y un día, simplemente deja de repartir caramelos, la rata se confundirá. Presionará el botón una y otra vez, con el fervor creciente, ya que intenta desesperadamente forzar el botón para hacer lo que se esperaba de él y proporcionar más caramelos. Con el tiempo, la rata perderá interés cuando se haga evidente que no hay más reacción, pero volverá al botón de vez en cuando y tratará de presionar el botón.

Piensa en el narcisista como la rata y el suministro narcisista como el caramelo. Tú eres el botón para conseguirlo. Tan pronto como cortes el contacto, el narcisista de repente recurrirá a cada última estrategia que ha demostrado ser exitosa en el pasado con el fin de tratar de llamar su atención y que el suministro narcisista deseado. Intentará todo, desde bombas de amor hasta promesas de cambio e incluso amenazas de abuso o suicidio si no te rindes. Lo más importante a recordar es que no puedes rendirte. No importa lo que el narcisista diga o haga, rehúsa darle lo que quiere. Sus comportamientos se intensificarán más, al igual que un niño pequeño que lanza un ataque por haber roto la rutina inesperadamente, y no se detendrá en nada que él crea que será eficaz. Eventualmente, sin embargo, soportarás la tormenta, y el narcisista dejará de intentarlo. La necesidad de suministro narcisista es demasiado fuerte, y él lo buscará en otro lugar si continúas negando. En ese momento, recuerde que probablemente volverá en el futuro para intentarlo de nuevo, pero cada intento será más débil que el último cuando se entere de que es inútil.

Recuerde, el período de dejar una relación abusiva es el más peligroso, y el narcisista probablemente se basará en cada amenaza física y emocional que se le ocurra. Puede amenazar con suicidarse, a ti o a otras personas, o puede empezar a acecharla. No importa lo que haga, negarse a participar, y reportar comportamientos erráticos o peligrosos a las autoridades apropiadas.

Tome un descanso de la relación

Similar a cortar al narcisista, tomar un descanso de la relación implica una negativa a comunicarse. En este caso, sin embargo, no es permanente. El descanso está destinado a permitirle despejar su cabeza y reevaluar si desea continuar la relación. Independientemente de lo que pueda acusarte, recuérdate que esto no es un castigo. Usted no tomó esta decisión de hacerle daño; lo hiciste proteger y cuidar de ti mismo. Tienes derecho a controlar con quién te comunicas, y si decides que no quieres hablar con el narcisista, estás en tu derecho de tomar esa decisión.

Al tomar un descanso del narcisista, es apropiado decirle una vez que usted está tomando un descanso y usted discutirá las cosas con él cuando esté listo. Usted no tiene que proporcionarle una línea de tiempo, no importa cuánto pueda molestar por uno, y en ese momento, se niega a todo contacto futuro. Te estás dando la oportunidad de refrescarte. Estás asegurando que no digas algo que empeore la situación o que inflame al narcisista para que haga algo dañino.

No dejes que el narcisista te deje en respuestas con acusaciones de abuso o a través de la víctima. Estás tomando una decisión que funciona para ti, y en última instancia esa es la parte más importante. Necesitas la sala de respiración y la estás tomando. Recuérdate que te debes a ti mismo cuidar de ti mismo, especialmente cuando nadie más lo hará. No puedes cuidar de los demás si no te estás cuidando a ti mismo.

Límites saludables

A veces, cortar a un narcisista no es una opción viable, y eso está bien. Cuando no tiene sin más remedio que continuar el contacto, como si está obligado por orden judicial a continuar una relación de compaternidad, o trabaja con el narcisista y no está en condiciones de dejar su trabajo, puede centrarse en mitigar tanto daño como sea posible y proteger usted mismo de la toxicidad que el narcisista parece exudar naturalmente.

Los límites saludables son una de las técnicas más fáciles para minimizar el daño de un narcisista, pero son difíciles. Estos límites representan una línea entre lo que es aceptable e inaceptable para usted, y deben establecerse bajo su propia prerrogativa. Los límites son una parte saludable de cada relación, independientemente de si se trata de un matrimonio, una amistad o incluso con sus hijos. Sin límites, usted se encontrará constantemente pisando los dedos de los dedos de los dedos de los dedos de los dedos de los dedos de los dedos de los dedos y el resentimiento de la cría.

Desafortunadamente, los narcisistas ven los límites como el último insulto. Es irresistible para el narcisista, y tratará de pisotearlos a cada paso. Los límites establecidos no son más que desafíos; juegos para obtener ascensos fuera de usted y ejercer el control sobre su estado emocional. Al establecer estos límites, debe estar preparado para aplicarlos y defenderlos a toda costa.

Cuando el narcisista desafía un límite, dale una advertencia. Dile que si continúa probando tu límite, tú proveerás una consecuencia. Dile al narcisista cuál es la consecuencia de pisar tu límite, y cada vez que se hace, necesitas hacer cumplir la consecuencia. Si le dices al narcisista que te tomarás un descanso prolongado en caso de que tu límite esté roto, sigue a través de cuando él pisotee en él. Si le dices que dejarás de hablar con el narcisista si te llama nombres con ira y te llama nombres, debes desengancharte inmediatamente y marcharse. La clave aquí es seguir adelante con toda la consecuencia, no importa cuánto el narcisista pueda llorar, mendigar o amenazar.

Desenganche

Cuando cortar no es una opción, lo mejor es desconectarse emocionalmente. Si no inviertes ninguna energía emocional en tus interacciones con el narcisista, eventualmente perderá interés en ti. Puede mantener sus interacciones relativamente sin cambios, pero no preste atención a las palabras dichas, no importa cuán hirientes puedan ser. Trate de tener en cuenta que las personas con NPD están atrapadas en una etapa de desarrollo de un niño, incapaces de sentir empatía y con alambre para ser egoísta, y recuerde a sí mismo que si un niño hubiera dicho las cosas que el narcisista le escupió, es probable que no se enfade o se ofenda en absoluto . Después de todo, los niños son impulsivos, emocionales e irracionales. El narcisista golpea los tres rasgos en la nariz, y no debes tomar las acciones del narcisista personalmente en absoluto.

Sin embargo, desenganchar no significa ignorar o embotellar sus sentimientos. Cuando te desenganches, reconoce lo que se ha dicho y dale la consideración que se merece, que es, sin duda, muy poco. Esto puede ser particularmente difícil si el narcisista es un ser querido en quien confiaste, pero recuerda tratar de ignorar las reacciones emocionales a las palabras que te protege. No caes en la trampa del narcisista, y no dejas que el narcisista recupere el control sobre tus emociones, y a cambio, el narcisista perderá lentamente el interés.

El método de la roca gris

Similar a la desconexión emocional, el método de roca gris implica minimizar las reacciones emocionales, pero en este caso, está ignorando todas las interacciones, tanto buenas como malas. Su objetivo es evitar tanta interacción como sea posible, y cuando se ve obligado a interactuar, debe mantenerlo aburrido y sin sentido. El nombre alude a una roca gris en el lado de la carretera. Considera la frecuencia con la que notas y recuerdas todas las rocas que pasas en un día determinado, lo más probable es que la respuesta no sea ninguna. La gente no presta atención a algo tan mundano y sin valor como una roca gris en el lado de la carretera. Tu objetivo en este método es ser tan mundano e inútil para el narcisista como la roca gris. Si puedes alcanzar este estado de mediocridad, el narcisista perderá lentamente interés en ti.

El truco para interactuar es decirte que seas robótico en las respuestas. No importa cuán enojado se sienta en respuesta a lo que se dijo, responda en tan pocas palabras como sea posible y asegúrese de que nunca sea inmediatamente después de que se envió el mensaje si no justifica una respuesta inmediata. Por ejemplo, imagina que te entusiasme diciendo que eres hermosa y que él te ama. Esto debe ser ignorado. Cinco minutos después, le envía un mensaje preguntando cómo está su hijo compartido. Dale la respuesta mínima mientras sigues siendo comprensivo. Haz una lista de lo que está haciendo, si está enferma, y tal vez lo que comió para la cena, pero mantén la interacción lo más sin emociones posible. No se atorre, no importa lo tentador que pueda ser.

Sea realista

Mantener tus interacciones con el narcisista realista te impedirá establecer altos estándares que ella nunca cumplirá. Decirte a ti misma que nunca te apoyará emocionalmente y que es un límite de personalidad que le falta empatía te ayudará a tener en cuenta la realidad cuando te trates con un narcisista. Si estás totalmente preparado para que el narcisista responda de manera típica narcisista, siempre estarás preparado, sin importar cómo ella responda, e incluso puedes encontrar que te sorprendes en ocasiones. Esto es clave cuando mantienes una relación con un narcisista, ya sea romántico, platónico, laboral, familiar o co-padre. Estás protegido de la decepción del comportamiento narcisista.

Tenga en cuenta que ser realista no excusa el abuso. Nunca está bien que alguien te lastime o pises tus límites. Sin embargo, si sabes que los narcisistas hacen eso, no estarás tan ciego cuando suceda, y puedes prepararte mejor de antemano para protegerte. Usted debe absolutamente corregir los comportamientos negativos o improductivos, incluso si es desagradable o prefiere evitar hacerlo.

Enfoque en lo positivo

Del mismo modo, cuando continúas interactuando con un narcisista, recordar enfocarte en lo positivo puede ayudarte a reconocer cosas que disfrutas de la persona. Después de todo, algo debe haberte atraído al narcisista en algún momento, y puede que estés feliz de ver pequeñas semblantes de esa persona en el narcisista frente a ti. Si bien es probable que la personalidad sea muy diferente de la que conociste al principio, todavía puede haber partes del narcisista que al menos la hacen tolerable. Por ejemplo, puede ser horrible por ser apoyo emocional o cualquier cosa que no sea el centro de atención, pero también puede ser genuinamente una buena cocinera, y le encanta cocinar para todas las reunión de sus amigos, o puede ser increíblemente inteligente y usted disfruta de la intelectual conversaciones que tienes sobre el café, incluso si implican comentarios de sarcasmo ocasionales sobre cómo no entiendes porque no fuiste a la escuela para la política, o lo que sea que ustedes dos estaban discutiendo. Recordarte lo positivo puede ayudarte en momentos en los que estás listo para perder los estribos con el narcisista, pero sería perjudicial hacerlo.

Decide tu subir o morir

La última táctica importante a recordar es elegir su colina para morir sabiamente. Esta es una forma elegante de decir elegir sus batallas con cuidado. Aunque los narcisistas buscan a las personas que evitan la confrontación a propósito, elegir evitar el conflicto puede ser en realidad una manera de evitar la detección también. Por esta razón, siempre debes elegir tus batallas sabiamente y solo estar preparado para participar en un conflicto si realmente quieres lidiar con las secuelas. Mientras que algunas cosas son absolutamente dignas de un conflicto, como un co-padre que elige conducir con niños en el coche mientras está borracho, una discusión sobre quién dijo algo primero es mezquina, y el narcisista no es probable que admita o admita que está mintiendo. Por esta razón, sólo debe elegir batallas si usted está dispuesto a luchar por ellos. Si no estás dispuesto a lidiar con las secuelas y, en última instancia, lo que haya hecho el narcisista es insignificante, no te molestes en pelear por ello.

Capítulo 6

Como llegue a este camino?

La codependencia es parte de la realidad de un vínculo o relación insalubre que puede manifestarse de diversas maneras, no sólo en la relación narcisista, y siempre aparecerá con un compañero narcisista. Entonces, ¿qué es la codependencia de todos modos, y quién es el culpable de ello?

Nadie tiene la culpa, y acusar a un compañero de ser más culpable que el otro, es sólo un producto de la dinámica de relaciones insalubres, tanto con el yo como con los demás. Por definición, la codependencia es esencialmente una condición de comportamientos en una relación en la que una pareja facilitará o habilitará la irresponsabilidad, tendencias adictivas, problemas de salud mental, inmadurez e incluso su sus logros.

Por lo general, si usted está en una asociación codependiente con alguien, es probable que también necesite algo de él. A menudo, el narcisista necesitará toda la afirmación, los elogios y los elogios, mientras que la pareja necesita que alguien cuide y alimente, permitiéndoles tener un sentido de cumplimiento satisfaciendo las necesidades de otra persona.

Esto puede ser tan problemático como ser un narcisista porque requiere que dependas de otra persona para hacerte sentir digno de existencia. La asociación codependiente es sólo un bucle de los mismos comportamientos y patrones que se repiten una y otra vez hasta que alguien rompe el patrón. Un compañero codependiente trabaja bien con un narcisista porque existen para sentirse útil a alguien para sentirse amado por sus esfuerzos, y todo lo que el narcisista quiere es alguien para satisfacer todas sus necesidades sin tener que dar nada a cambio.

Por lo tanto, si usted es un socio codependiente, puede estar interesado en preguntar qué tipos de rasgos podría exhibir si está en ese tipo de espectro de personalidad.

Características de la codependencia

Para entender la dinámica de relación que prevalece en la relación narcisista, ser útil tener una comprensión del otro compañero, que no es el narcisista. Al final, se necesitan dos para el tango, y si estás en una asociación a largo plazo o incluso a corto plazo con un narcisista, es posible que debas empezar a preguntar las preguntas de por qué podrías ser atraído por esa persona en primer lugar.

Por lo tanto, una persona codependiente a menudo trabajará para satisfacer las necesidades de los demás en el sacrificio de sus necesidades. Este acto es una asunción de responsabilidad que no es necesaria, pero ofrecerá al codependiente un sentido de propósito, así como al narcisista alguien para satisfacer todas sus necesidades.

Un aumento en la autoestima de los codeantes proviene del control de sus emociones, y por apoderado, los de su pareja, manteniendo la paz y asegurándose de que todos se sientan satisfechos; sin embargo, el estado de control sobre las emociones impide que se identifiquen los sentimientos reales, problemas o trastornos de la personalidad, lo que conduce al bucle de comportamiento entre lo codependiente y el narcisista.

Los contentivos a menudo se sentirán ansiosos, preocupados o tener confusión límite que gira en torno a la intimidad con su pareja. Esto se realiza en sus intentos de que sus necesidades sean satisfechas por su pareja narcisista que sólo ofrece intimidad cuando les beneficiará, por lo que los codeantes a menudo tendrán una visión distorsionada de su atractivo, deseo o derecho a sentir intimidad con su Media naranja.

Uno de los mayores indicadores de que alguien sea un socio codependiente es el enredo. Cuando usted no puede tener autoridad o autonomía dentro de su relación, puede decidir que no está entero sin la otra persona y se envuelve en su realidad, sentimientos y circunstancias, mezclando sus realidades.

Además, los codeantes generalmente, inconscientemente, elegirán socios con adicciones, tendencias abusivas, trastornos o problemas mentales o emocionales, y trastornos de impulso. Estas no son las únicas circunstancias, por supuesto, pero son atributos comunes de una asociación codependiente. La razón es que hay una falta de definición del yo, tanto para el narcisista como para el codependiente. El codependiente siente un sentido de sí mismo cuando está cuidando o controlando a otra persona.

Una persona codependiente negará sus sentimientos, o que haya algo malo en la relación, debido a sus patrones de pensamiento o creencia sobre lo que una buena pareja hace por el otro. Un narcisista convencerá fácilmente a un codependiente de que necesita seguir sacrificándose, y así, los dos trabajan bien juntos para seguir manipulando estas realidades.

Aquí está una lista de algunas de las características comunes de un socio codependiente y si usted o alguien que conoce puede marcar tres o más de estas, entonces usted está probablemente en un estado codependiente en su asociación:

- Depresión
- Actividades compulsivas (es decir, atracones de comida, compras, limpieza constante de la casa).
- Sosteniendo emociones
- Sentimientos restrictivos

- Ansiedad

- En un estado regular o excesivo de negación

- Excesivamente diligente, de hipervigilancia

- Abuso de sustancias

- Enfermedad o enfermedad causada por el estrés o la ansiedad

- Víctima de abuso físico, sexual o emocional (recurrente)

- En una relación con una persona durante más de dos años que tiene una adicción, sin pedir ayuda, o buscar terapia

- No puedo manejar estar solo y hará esfuerzos extremos para evitar estar solo

- Perfeccionismo

- Deseo extremo de afecto y/o aceptación

- Baja autoestima o autoestima

- Sentir una falta de confianza

- Deshonestidad y/o manipulación

- Comportamiento de control excesivo

- Sentimientos graves de vacío y/o aburrimiento

- Relaciones intensas que a menudo son inestables

- Subordinando sus necesidades para la aceptación de la persona con la que está

Estas son algunas de las señas de identidad de un socio codependiente, y ciertamente hay algunas características más que pueden manifestarse, pero estas son las características básicas. Es posible que deba sentarse y hacer una lista de algunas de estas cualidades y tratar de determinar si estos conceptos se reflejan en su relación. Si es así, tendrás que entender cómo una asociación codependiente es una manera insalubre de experimentar el amor y que tendrá que haber algunos cambios y cambios en tu realidad para ayudarte a identificar tus verdaderos sentimientos y deseos con tu relación.

Relación Dinámica de Codependencia

Una persona codependiente a menudo buscará o se involucrará en relaciones en las que desempeña un papel particular, y es uno con el que se siente más cómodo. Su función principal es actuar como el confidente de apoyo o rescatador de la otra persona, y un socio codependiente se caracteriza por ser un tipo "ayudante". La realidad es que un codependiente depende del funcionamiento bajo, pobre o desordenado de su pareja para satisfacer sus sensibilidades y necesidades emocionales.

Este tipo de relación, especialmente entre un codeador y un narcisista, se colorea por la falta de límites saludables, habilidades de comunicación ineficaces y disfuncionales, problemas con la intimidad, patrones de negación, control de comportamientos que se manifiestan como (o varias otras formas de control), altos niveles de comportamiento reaccionario y dependencia de estas posiciones.

Hay un desequilibrio distintivo en la asociación para que una persona tenga el control, sea abusiva (emocional/física/mentalmente) o que lo permita, como en la adicción, inmadurez o, en el caso de este libro, tendencias narcisistas.

La dinámica para un codependiente y un narcisista es que el sentido de propósito es hacer sacrificios regulares y extremos para sostener, o satisfacer las necesidades de su pareja, mientras que el otro mantiene la actitud de ser superior y digno de ser cebado y "servido" por su Socio. Por lo general, como resultado de esta dinámica, un socio carecerá de autonomía personal y autosuficiencia, o autoridad, mientras que el otro tendrá una sobreabundancia de estas cualidades hasta el punto de la arrogancia. Algunas otras dinámicas incluyen:

- Excesiva adherencia

- Comportamientos necesitados

- Dependencia de la realización personal de su pareja
- Cambios de humor determinados por cómo perciben a su pareja actualmente siente acerca de ellos (el codependiente)
- Autosacrificio autoinfligido (codependiente)
- Conseguir que su pareja "compre" su visión de la vida (el narcisista)
- Obediencia y atención (el codependiente)
- La necesidad de hacer que alguien se sienta importante para recibir su amor a cambio (el codependiente)
- La necesidad de recibir el amor sin dar nada a cambio (el narcisista)

Hay muchas versiones de esta realidad porque cada relación es única y tiene un principio, un medio y en algún lugar, un fin. Cuando estamos involucrados con otra persona, esté o no hay codependencia o narcisismo, puede ser un desafío mantener tu sentido de sí mismo y reflexionar a través de tus necesidades y emociones lo que quieres apoyar en tu relación.

El codependiente y el narcisista comparten un deseo o necesidad similar, pero se refleja en diferentes comportamientos. De cualquier manera, estas dinámicas resultan en asociaciones insalubres y desequilibradas que pueden tener un impacto perjudicial en la realidad central de las verdaderas necesidades, emociones y deseos de una persona. Algunas personas que terminan en asociación codependiente con un narcisista son empáticos, sin entender ni saber esto acerca de sí mismos.

Capítulo 7

Desaprender patrones poco saludables

Después de pasar por tortura y trauma durante muchos días, las víctimas de abuso narcisista pueden sufrir TEPT comúnmente conocido como Trastorno de Estrés Post Narcisista PNSD en este caso. Aunque muchas personas pueden sufrir trastorno por estrés por abuso narcisista, sólo unos pocos pueden decir lo que están pasando. La mayoría de las víctimas de abuso narcisista apenas pueden decir que han sido abusadas. Cuando experimentan estrés y ansiedad, lo relacionan con otras circunstancias de la vida.

Cada individuo que ha experimentado abuso sistemáticamente a cualquier nivel debe ser ayudado a sanar. Las personas que rodean a una persona que ha sufrido abuso deben cuidar de la víctima para asegurarse de que recibe ayuda completa. Dado que la mayoría de la gente ni siquiera sabe que está sufriendo, los amigos y familiares deben ayudar a las víctimas a llegar a un acuerdo con la realidad. Algunas de las acciones realizadas por las víctimas posteriores al abuso son instigadas subconscientemente por sus experiencias anteriores. Estas son algunas señales a tener en cuenta cuando se trata de víctimas de abuso narcisista. Estos signos son un claro indicio de que la víctima está sufriendo de PNSD.

- Respuestas físicas y emocionales a los Resúmenes traumáticos

Las víctimas suelen tener una forma de responder a los flashbacks de los eventos traumáticos. En algunos casos, las personas pueden sufrir traumas emocionales profundos. Una víctima que sufre de PNSD puede comenzar a llorar sin razón. Recordar los eventos traumáticos por los que pasaron puede traer de vuelta emociones que conducen a lágrimas, miedo, disgusto de ira, etc. También pueden mostrar signos físicos de recapitulación traumática, como temblores y temblores, incluso cuando no han sido heridos.

- Pensamientos o recuerdos perturbadores

Las víctimas suelen experimentar recuerdos perturbadores. Una persona que ha sufrido el trato del abuso narcisista puede nunca tener paz en la vida. El trastorno del estrés se manifiesta a través de pesadillas o visiones perturbadoras. La persona puede empezar a hablar en sueños, gritar o despertar sudando. Las víctimas también pueden alucinar durante el día y seguir viendo imágenes de personas que intentan hacerles daño

- Dificultad para enfocar o dormir

Individuos que sufren de trastorno de estrés postraumático desarrollan problemas con la concentración. Una víctima de abuso narcisista puede encontrar problemas para concentrarse en cualquier cosa por mucho tiempo. A menudo se encuentran vagando en su mente. No pueden prestar atención en el trabajo o en la escuela. A menudo se los ve en su propio mundo. Los pacientes pueden quedarse durante una larga hora pensando en el trauma. En algunos casos, el insomnio es provocado por el miedo a experimentar pesadillas relacionadas con el albero.

- Sentimientos contradictorios

Las personas que sufren de TEPT son incapaces de confiar en sí mismas o en otras. Tienden a tener sentimientos contradictorios debido al miedo a ser heridos de nuevo. Un paciente con TEPT puede parecer estar tan enamorado por la mañana sólo para empezar a mostrar remordimiento y odio unas horas más tarde. Si un paciente con TEPT no se queda con un compañero comprensivo, a menudo conduce a problemas de relación. La mejor medicina para estas personas es la tranquilidad. Una persona que sufre de estrés de abuso narcisista debe estar constantemente segura de que el trauma ha terminado y que ahora está en buenas manos. Dado que se necesitan tantos años para publicar la negatividad en la mente de las víctimas, también se necesita mucho tiempo para lavar los efectos. El apoyo constante de familiares, amigos y colegas es la mejor manera de obtener curación para los pacientes con TEPT.

- Sentido distorsionado de la culpa

Los narcisistas entrenan a sus víctimas para que siempre encuentren la culpa de que algo suceda. Como persona se queda con un narcisista, se convierte en el centro de la culpa. A menudo se culpa a la víctima del fracaso y el éxito. La víctima nunca está segura de lo que está mal o bien. Cada acción puede conducir a abusos incluso si la víctima hizo la acción con buenas intenciones. A medida que las víctimas tratan de sanar de tal trauma, pueden mostrar algunas tendencias de culpar a los individuos. Los pacientes con TEPT son rápidos para culpar a otros para evitar consecuencias relacionadas con el error. Son rápidos para cambiar la culpa porque creen que la persona a la que culpar es la persona a la que se debe castigar. Hacen todo esto subconscientemente, sin pensar en ello.

- Retiro Social y Aislamiento

Es común ver a las personas que sufren de estrés y ansiedad sentados en aislamiento. Las víctimas de abuso narcisista post también pasan por el mismo escenario. En la mayoría de los casos, las víctimas creen que mantenerse alejado de las personas es más seguro. En otros casos, el retiro y el aislamiento es una estrategia para escapar de la vergüenza. Como se mencionó antes, los pacientes de abuso narcisista siempre se culpan a sí mismos por el abuso. A los pacientes les puede resultar difícil asociarse con las personas debido al miedo a ser ridiculizados.

- Separar de la realidad

La mayoría de las víctimas de abuso narcisista muestran signos de TEPT al separarse de la realidad. Evitan tendencias asociadas con sentimientos, situaciones o personas. Quieren vivir en un mundo propio, donde no pueden amar ni odiar. Esto es un signo de trastorno de estrés asociado con eventos traumáticos. La mente subconscientemente trata de encerrar sentimientos, engañando a la víctima para que piense que la falta de sentimientos es igual a la seguridad. La víctima cree que si no experimenta amor, es posible que nunca tenga que experimentar el dolor de la angustia. La víctima bloquea todos los sentimientos que intentan llegar con el fin de reducir la interacción directa con las personas. La víctima asume subconscientemente que todas las personas son malvadas y asociarse con ellos eventualmente puede resultar en experiencias dolorosas.

- Hipervigilancia

Individuos que sufren de PNSD muestran miedo y ansiedad. Son fácilmente sorprendidos y enojados. Pueden estar enojados por las acciones más pequeñas. También pueden estar asustados si alguien aparece por detrás o al escuchar un sonido fuerte. La mayoría de las víctimas siempre están al queda la vista; están en una necesidad desesperada de tener una visión de 360 grados de su entorno. Cuando están en la casa, prefieren cerrar todas las puertas y ventanas. Pueden estar asustados incluso por el sonido del movimiento hecho por un insecto. Siempre miran a extraños críticamente y pueden responder agresivamente a personas que no conocen. Todos estos factores son indicios de estrés y ansiedad que está profundamente arraigado en el trauma experimentado durante el abuso narcisista.

- Miedo o pánico sin razones aparentes

Las personas que sufren de trastorno de estrés traumático a menudo muestran miedo. Pueden mostrar miedo incluso cuando no hay nada amenazante alrededor. Por lo general, tienen miedo de lo desconocido y a menudo entran en pánico cuando están en estrés o se dejan solos. Son muy protectores de todo lo que les parece valioso, como los niños. Siempre tienen miedo de que todos alrededor tengan intenciones de dañar o robar cualquier cosa que posean.

- Creencias Inconsistentes o Conflictivas

La mayoría de las víctimas de abuso narcisista post nunca están seguras de lo que es verdad y lo que es falso. No tienen ideologías firmes en las que creer. Constantemente renuncian sus pensamientos y terminan creyendo lo que la gente dice. La mayoría de los pacientes tienden a carecer de autoestima ya que se han hecho creer que no son dignos. Incluso cuando tratan de llegar a un acuerdo con el hecho de que sólo son víctimas, la idea no se queda por mucho tiempo. La mayoría de las víctimas se encuentran fácilmente volviendo a los viejos pensamientos.

Cómo analizar a las personas

Todo el mundo puede ser víctima de abuso narcisista. La primera línea de defensa para todas las víctimas es tener la capacidad de analizar a las personas. Al analizar a las personas, una persona está en posición de decir si alguien es narcisista o no.

Padres

En el caso de los padres, las víctimas son más a menudo desafortunadas. Nacer o ser adoptado por un padre narcisista es lo más desafortunado que le puede pasar a cualquiera. En este caso, las víctimas son incapaces de analizar a las personas o tomar ninguna decisión. Son inocentes y vulnerables. En el caso de los padres, son los vecinos u otros miembros de la familia los que pueden detectar el narcisismo y rescatar al niño. Sin embargo, a medida que una persona madura, podría ser capaz de detectar tendencias narcisistas en los padres. Los padres narcisistas son abusivos y controladores incluso cuando sus hijos son adultos. Controlan la vida de una persona hasta el punto de elegir una pareja de vida. Si sientes que tu padre tiene algunas tendencias narcisistas, analiza sus motivos en cada acción. Los padres narcisistas usan a sus hijos para lograr el orgullo. Castigan a sus hijos por el fracaso y exigen que los niños mantengan altos estándares que el narcisista considere el éxito.

Socio

Dado que la mayoría de las víctimas de abuso narcisista son parejas románticas, es importante que todas las personas tengan un tercer ojo al salir. Algunas pistas pueden ayudar a una persona a detectar el narcisismo en su pareja. Primero, los narcisistas idealizan a su pareja. Si sales con alguien que es 100% ideal para ti en todos los sentidos, ten cuidado.

Otro signo muy claro del narcisismo es la obsesión y la posesividad. Los narcisistas no renuncian a perseguir a una persona. No toman un no como respuesta y siguen viniendo con regalos tentadores. Pueden mostrar desesperación e incluso manipular a la víctima sólo para tenerlos.

El siguiente signo de narcisismo en las relaciones es la separación. El narcisista separa a la víctima de amigos y familiares. Si estás en una relación y te das cuenta de que estás siendo separado de amigos y familiares, comienza a ser crítico.

Detecte este patrón y manténgase alerta cada vez que comience una nueva relación. Comienza con idealización y luego obsesión, separación y abuso. Estos son los factores más comunes y visibles a observar para evitar quedar atrapado en relaciones narcisistas.

Amigos

En la amistad, los narcisistas sólo vienen con fines sociales o materiales. Si sospechas que estás en una amistad narcisista, pregúntate qué podría ser lo que la persona quiere de ti. Los narcisistas a menudo no ocultan sus verdaderas intenciones. Si miras de cerca, es posible que puedas darte cuenta de que una persona solo se asocia contigo debido a tu riqueza o estatus. Tales individuos pueden sonar genuinos al principio, pero la manipulación pronto se cosecha. Para evitar caer en tales trampas, corte los enlaces a tales individuos. Evite crear bonos duraderos o hacer inversiones junto con una persona que no conoce bien.

Niños

Los niños también pueden ser narcisistas. Como padre, usted tiene que analizar a su hijo en busca de tendencias de narcisismo. Desafortunadamente, la mayoría de los padres acicalan el narcisismo en los niños. Los niños narcisistas pueden salir como líderes confiados, asertivos y naturales. El padre tiene que ayudar al niño a darse cuenta de que no son mejores que el resto del mundo. Por el contrario, la mayoría de los padres animan a sus hijos diciéndoles que son los mejores. Si el narcisismo se puede detectar en un niño a una edad temprana, los padres pueden ayudar al niño. Es fácil ayudar a un niño a aprender su verdadera personalidad y deshacerse de cualquier temor. En muchos casos, los narcisistas sólo tienen miedo de lo desconocido y tienen baja autoestima. Ser capaz de ayudar a alguien a entender que el fracaso es parte de la vida y ser débil está bien ayuda a la persona a comenzar a aceptar su verdadera personalidad. Con el tiempo se deshacen de la falsa personalidad autoglorificada y viven su vida de acuerdo con la verdad.

Cómo lidiar con un socio narcisista

Tratar con un socio narcisista no es un paseo por el parque. La mejor manera es detectar las señales y evitar caer en la trampa. Sin embargo, si te das cuenta de que ya estás en la trampa, necesitas ser muy técnico en tu estrategia de escape. Correr de las manos de un narcisista nunca es fácil. El abusador seguirá persiguiéndote y usando la manipulación para tenerte de su lado. Para tratar con un socio narcisista, siga esta guía básica:

Guía básica para reconocer y manejar a los narcisistas

Paso 1: Obtener conocimiento

El primer paso para tratar con un narcisista es adquirir conocimiento. Haga una investigación exhaustiva leyendo libros como este y viendo videos. Obtener conocimiento te ayudará a entender todos los principios utilizados y aplicados por los narcisistas. Si ya estás en una relación narcisista, debes tener cuidado en tu búsqueda para obtener conocimiento. El socio narcisista nunca debe saber que está adquiriendo tal conocimiento. Asegúrese de borrar el historial de su navegador después de buscar tales temas en línea. Si el socio se da cuenta de que usted está adquiriendo conocimiento sobre el tema, él /

ella puede bloquear todas las formas posibles de obtener dicho conocimiento.

Paso 2: Entender el Ciclo

Comprender el ciclo de abuso narcisista te ayudará a saber dónde estás. Si no estás en una relación narcisista, el conocimiento del ciclo te ayudará a evitar caer en la trampa. Si ya estás en una relación narcisista, entender el ciclo te ayudará a conocer la fase de abuso en la que estás.

Paso 3: Aprender a analizar personas

No es posible escapar de un narcisista si no sabes cómo jugar a los juegos mentales. Los narcisistas prosperan en los juegos mentales. Debes encontrar una salida jugando los juegos mejor que el narcisista. La inteligencia emocional es un tema entero por sí solo. Invierta en el aprendizaje de la inteligencia emocional. Aprende a estudiar las emociones de las personas y a manejarlas. Comienza a entender las acciones que toman los narcisistas y lo que los hace tomar tales acciones. Una vez que entiendas el análisis de personas, estarás listo para vencer al narcisista en su propio juego.

Paso 4: Relaciones de reparación

Los narcisistas a menudo tienen éxito porque logran alienar a sus víctimas. Si eliges reparar las vallas con amigos y familiares, es posible que tengas a alguien en quien confiar.

Después de que finalmente entiendas que un narcisista sólo intenta herir y dañar, debes ser capaz de volver sobre tu ruta. Encuentra personas en las que puedas confiar y en aquellos que confían en tus palabras. Encuentra a las personas que te aman genuinamente. Si aún no has sido capturado por un narcisista, tu primera pista es mantener siempre las amistades. No importa cuán dulce pueda sonar la relación, asegúrate de mantener las amistades y las relaciones familiares. No permitas que una nueva persona en tu vida se haga cargo de tus relaciones ni controle la forma en que interactúas con las personas.

Paso 5: Con la ayuda de amigos y familiares Descubre al narcisista

La única manera de escapar de las trampas de un narcisista para siempre es asegurarse de que la verdad se sepa. Debe asegurarse de que haya pruebas suficientes para condenar al abusador por los crímenes cometidos. También debe asegurarse de que la comunidad y las personas de alrededor crean todo lo que dice sobre esta persona. Una de las razones por las que los narcisistas nunca son atrapados es que crean una imagen pública muy justa. En algunos casos, son individuos poderosos con roles de liderazgo respetados en la sociedad. Cuando dices tu palabra en contra de la de ellos, es posible que no te reconozcan.

Para asegurarse de que su palabra se mantenga en tierra, primero debe obtener algunas pruebas incriminatorias. Reúna pruebas con la ayuda de amigos y familiares. Busca personas que puedan tener tus mejores intereses en el corazón. Incluso se le puede exigir que permanezca en la relación abusiva mucho más tiempo en su búsqueda para encontrar la información correcta. Recopile pruebas escritas, de vídeo y de audio. Para asegurarte de que el abuso no note tus acciones, debes ser hábil y usar la ayuda de amigos cercanos. Cuando finalmente decidas enfrentarte al abusador, asegúrate de tener evidencia para convencer a toda la comunidad. Si le das al abusador la oportunidad de escapar pueden ser muy manipuladores con sus palabras. Asegúrate de mostrar su personalidad públicamente para que no tengan ningún otro lugar donde esconderse.

Tu cerebro en la relación abusiva

El cerebro es la parte más afectada de su cuerpo cuando usted está en una relación abusiva. Como ya se ha mencionado, el umbral de dolor para los abusos físicos y emocionales en el cerebro es el mismo. Esto significa que cualquier abuso emocional o físico afecta directamente al cerebro. La clave para sobrevivir a cualquier evento traumático y abusos es proteger el cerebro. Cualquier persona que sufre abuso narcisista sólo puede sobrevivir protegiendo el cerebro del trauma. Si usted está en una relación que sigue infligiendo dolor, usted debe encontrar una manera de proteger el cerebro.

La única manera de proteger el cerebro es aprendiendo la verdad. Las personas emocionalmente inteligentes saben diferenciar los hechos de la ficción. Si puedes entrenar a tu cerebro para conocer la verdad y vivir en la realidad, tendrás un poder mental muy fuerte. De hecho, los narcisistas no están en posición de romper a cualquiera que se quede dentro de su mente. Lo primero que alguien en el estado mental claro debe entender es que el narcisista es un mentiroso. Debes entender que el narcisista prospera en mentiras y capitaliza tus emociones. El narcisista lastima las emociones para hacer que la víctima se sienta inútil.

Si sabes lo que el narcisista está tratando de hacer, no permitirás que tu cerebro acepte el mensaje. Usted debe entrenar a su cerebro para rechazar dicha información negativa y sólo aceptar información positiva. Debes entrenar tu cerebro para que sólo acepte lo que es verdad y rechazar lo que es una mentira.

Proteger el cerebro durante el abuso narcisista también depende de tu capacidad para controlar las emociones. Si puedes diferenciar entre la verdad y la mentira, no te verán afectados por las mentiras. Si un narcisista sigue diciendo que eres estúpido, no te verán afectados por sus palabras porque sabes claramente, eres sabio. La única oportunidad de luchar que tiene un individuo en una relación narcisista es mantenerse sobrio. Esto incluye la capacidad de tomar decisiones que no están influenciadas por las emociones.

Como víctima, debes saber que estás siendo víctima. Usted debe ser capaz de analizar a su abusador y entender que él / ella está sufriendo de un trastorno mental. Usted debe estar en una posición para analizar el trastorno de la personalidad y empezar a capitalizar las debilidades del abusador. Deberías estar en posición de desentrañar la personalidad oculta del abusador y avergonzar su ego.

Aunque mantener la estabilidad mental en tales situaciones no es fácil, cada persona puede controlar sus mentes. Si tienes algo que representas, empieza desde ese punto. Aunque los narcisistas distorsionan la forma de pensar de una persona, quedan algunas constantes. Cada víctima debe ser capaz de reconocer las constantes disponibles y empezar a utilizarlas para superar el trauma mental. Por ejemplo, un narcisista puede sabotear el camino de una persona hacia el éxito, pero nunca puede sabotear los logros pasados de una persona. Incluso si te hace creer que eres incompetente, encuentra una cosa que puedas hacer muy bien.

Comience a desarrollar su fuerza y confianza desde ese aspecto. Comienza a reafirmar tus pensamientos y habilidades. Debes estar en posición de recordar tu éxito pasado antes de conocer a tu abusador. Piensa en los pasos importantes que has dado en la vida y en los hitos que has logrado. Recordar tu antiguo yo te da el deseo de querer volver a lograrlo.

La víctima también debe estar en una búsqueda constante para enriquecer sus cerebros. Alimenta tu cerebro con la información correcta. La víctima debe asegurarse de que las ideas positivas que entran en la mente superan las ideas negativas que el abusador intenta inculcar. La víctima debe disfrutar de leer libros, ver la televisión, jugar juegos de estimulación mental y d mantenerse al día con las tendencias. Obtener conocimiento de que el abusador carece pone a la víctima en una posición de control. La víctima puede contrarrestar la energía negativa que está construyendo el abusador.

La víctima comienza a diferenciar los hechos de las mentiras. El abusador puede tratar de sabotear todo lo que se hace para obtener conocimiento. Sin embargo, vivimos en una era de libertad. Cada persona tiene la libertad de adquirir conocimiento. Incluso si usted está confinado a una casa, todavía se puede obtener conocimiento mediante la lectura de libros y revistas.

Capítulo 8

––––– ❧❦❧ –––––

¿Puedo Elegir Una Nueva Forma De Pensar?

La vida puede no ser todo sol y rosas para las víctimas que logran escapar de los ciclos de abuso narcisista. Muchos luchan por sanar durante años después, experimentando períodos intermitentes de crecimiento y rehabilitación salpicados de brotes de recaída emocional. Aun así, las víctimas en recuperación a menudo reportan una abrumadora sensación de alivio y una sensación surrealista de calma una vez que comienzan a acostumbrarse al ritmo de sus vidas bajo las reglas de No-Contacto con narcisistas peligrosos.

Incluso a través de los períodos difíciles, es importante que cualquier víctima se perdone constantemente, aprecie su propia fuerza y resiliencia, y se arroje con entusiasmo a una rutina de cuidado personal. También deben tratar de mirar constantemente hacia el futuro en lugar de rumiar demasiado en el pasado doloroso. El legado más insidioso de abuso narcisista es que intenta corromper la capacidad de la víctima para disfrutar de la autoestima, el amor interpersonal y todas las otras cosas hermosas que una vida empática puede ofrecer, incluso después de que la situación abusiva se haya quedado atrás. La mejor y más poderosa forma de venganza que puedes buscar sobre un abusador narcisista es negarles esa posibilidad. Toma las ingenias de tu vida; tomar la decisión consciente de ser feliz y compasivo; dar y recibir amor honesto, auténtico con alegría y optimismo. No permitas que tu victimismo te defina.

Hipersensibilidad

Muchas víctimas de narcisistas ya son empáticos autoidentificados, o personas muy sensibles (HSP) antes incluso de conocer al narcisista en cuestión. Algunos, sin embargo, sólo se despiertan a esta realidad después de dejar la relación o régimen narcisista.

La hipersensibilidad viene en muchas formas y diferentes grados de intensidad. Muchas personas crecen para verlo como un superpoder, aunque necesita entrenamiento consistente, descanso y cuidado, al igual que un músculo. El trabajo intensivo de límites es una necesidad para los empáticos, al igual que el establecimiento y el mantenimiento de una rutina de cuidado personal. No tiene que ser costoso, simplemente necesita recordar a la víctima de forma regular que son dignos de cuidado y atención, y que son responsables de crear su propia felicidad.

Algunas víctimas desafortunadas pueden no encontrar el apoyo que necesitan para curarse de este abuso. Muchos empáticos y HSP se encuentran en conflictos frecuentes con personas altamente individualistas, que invalidan sus experiencias de abuso narcisista llamándolos normales, y descartando sus sentimientos como reacciones exageradas. Podrían aconsejar a la víctima que "crezca una piel más gruesa" o que "se endurezca", ya sea que se den cuenta o no de que estas palabras sirven esencialmente para culpar a la víctima por el abuso infligido sobre ellos.

Si esto te sucede, recuérdate de la persona que eras antes de que comenzara el abuso. No eras perfecto, nadie lo es, pero eras fuerte. Eras tu propia persona. No había nada malo contigo. No merecías ser blanco, manipulado, explotado, avergonzado o usado como un saco de boxeo emocional.

Trate de recordar que la persona que le está diciendo que se endurezca puede significar bien, pero que son ignorantes. Podrían comprar en la falacia del "mundo justo" (la idea de que las personas obtienen lo que se merecen en la vida, por lo que las personas que sufren por lo general han hecho algo para merecer este castigo) y carecen de la perspectiva necesaria para proporcionarle consejos útiles. Si bien esto puede ser extremadamente frustrante, o enfurecedor si está sucediendo repetidamente, trate de no enojar seriamente hacia estas personas. Ponte en sus zapatos.

Imagine dos vasos de agua vacíos sobre una mesa con fuerza estándar; uno no se ve afectado por el impacto, mientras que el otro se rompe. Sería fácil deducir que había algo inherentemente defectuoso en el vidrio que se rompió. Pero, ¿qué pasaría si llegaras a aprender que el vidrio intacto había sido previamente envuelto en envoltura de burbujas, mientras que el vidrio roto había sido calentado y enfriado repetidamente y luego golpeado con un mazo, formando miles de pequeñas grietas invisibles?

Una víctima de abuso narcisista prolongado es un caparazón de una persona, un vaso con miles de pequeñas grietas invisibles en todas las instalaciones. Necesitan ser manejados suavemente por un tiempo, con el fin de sanar. Es posible que no sean capaces de manejar la adversidad que la mayoría de la gente puede dar paso a paso. Pero eso no significa que empezaron defectuosos; significa que necesitan reparación y comprensión del paciente.

Un lugar donde esta analogía falla, sin embargo, es en las secuelas; a diferencia de un vidrio roto, una víctima hipersensible puede reparar todas esas pequeñas grietas, y finalmente salir aún más fuerte que el vidrio que estaba protegido por envoltura de burbujas todo el tiempo. Las empatas y los HSp pueden convertirse en guerreros emocionales, balizas para otras víctimas que necesitan modelos a seguir y sanadores poderosos. La hipersensibilidad no debilita a las personas; les enseña una fuerza increíble.

Imagínate esos dos anteojos uno al lado del otro otra vez. Esta vez, eres plenamente consciente de lo que cada uno ha pasado, y el vidrio abusado no se rompe. Ahora, ¿cuál te parece más impresionante?

Egoismo

El egoísmo se define como una fobia a los rasgos narcisistas dentro del yo. Es común en las víctimas de abusos narcisistas severos, que tienen miedo de expresar sus propias necesidades, parecer egoístas o recibir atención especial de cualquier tipo, la mayoría de las veces porque el narcisista en su vida los castigaría por hacer estas cosas.

Una prueba importante para las víctimas de abuso narcisista es la siguiente: ¿eres capaz de disfrutar de tu propia compañía por un día, o un fin de semana completo tal vez, sin tener un colapso emocional? Si no, no hay necesidad de sentirse avergonzado, pero puede ser prudente buscar ayuda para una mayor recuperación. No hay nada de malo en ser social, pero las víctimas de abuso sindicalista pueden usar sus ajetreadas vidas sociales y profesionales para distraerse del dolor no resuelto o de sensaciones emocionales difíciles que necesitan ser abordadas. Las víctimas también son típicamente entrenadas para ser codependientes, lo que significa que pueden tener dificultades para tomar decisiones, captar sus verdaderas opiniones y preferencias, o incluso reconocer sus propias emociones, sin una personalidad dominante presente para dictar estas cosas por ellos.

El aislamiento puede ser doloroso y desafiante, pero también puede ser una herramienta poderosa para el crecimiento emocional o el despertar espiritual. Cuando lo eliges por ti mismo, en lugar de tenerlo sobre ti, puede ser extraordinariamente poderoso.

Ten en cuenta el hecho de que esta es tu vida, la de nadie más, y es totalmente posible que sólo consigas uno de esos para vivir. Asegúrate de vivirlo por ti mismo, no para complacer a un narcisista ingrato y apático.

Reformular recuerdos

Desafortunadamente, las víctimas de abuso solistas a menudo están atormentadas por un infundado sentido de vergüenza, incluso después de haber cortado lazos y pasado del narcisista que las lastimó. Es importante trabajar con alguien (un terapeuta, consejero, sanador o guía espiritual) para replantear sus recuerdos de la relación que compartió con el narcisista, para comenzar a desenredar y aliviar el estrés de esta vergüenza.

Una técnica especialmente eficaz que utilizan los abusadores narcisistas es reaccionar a la oferta de una víctima por un trato igual y justo como si fuera una petición irrazonable y narcisista. La voz del narcisista puede perseguir a la víctima, incluso mucho después de que hayan cortado los lazos, preguntando: "¿Quién te crees que eres?" o "Siempre se trata de ti, ¿no?" Esta es una combinación de proyección e iluminación de gas que realmente puede alterar la capacidad de la víctima para afirmarse o defenderse en la vida. Se paralizan con el miedo autoconsciente, luchan por defender sus propios intereses personales, y a menudo se quedan atrapados en un ciclo de mayor generosidad hacia el narcisista, todo en un vano intento de demostrar su propia capacidad de empatía. De alguna manera, al tratar de defenderse a sí mismas, las víctimas son engañadas para inclinarse una vez más, y aún más profundamente, ante el narcisista.

Así que cuando la relación ha terminado, la víctima se queda llevando la vergüenza del comportamiento abusivo que toleraban, así como el miedo vergonzoso de que eran de alguna manera culpables del mismo comportamiento narcisista que su abusador mostró. Esto puede afectar las relaciones futuras de la víctima, asfixiando la confianza y promoviendo la ansiedad fantasma.

Si los sentimientos de vergüenza te atormentan, lo mejor que puedes hacer por ti mismo es encontrar un terapeuta o consejero que te ayude a remarcar tus recuerdos y reescribir tu narrativa. Necesitarás un tercero objetivo para ayudarte a ver las partes de tus propios recuerdos a las que te has acostumbrado a cegarte: a saber, las partes donde tu abusador cruzó líneas y te trató de maneras deshumanizadoras. Estos recuerdos pueden ser extremadamente dolorosos, razón por la cual los cerebros de muchas víctimas los editan automáticamente, o los alteran, por el bien de la autoprotección. Las víctimas no deben esperar ser exclusivamente autosuficientes durante sus procesos de recuperación; será necesario un buen sistema de apoyo lleno de personas empáticas con buen juicio y fuerte carácter moral, y la asistencia de un profesional de salud mental con licencia debe incluirse si es posible.

Volver a conectar con tu verdadero yo

A largo plazo, purgar el narcisismo de tu vida se siente un poco como quitarte un corsé que has estado usando toda tu vida y que ni siquiera lo sabías. Por un lado, hay una enorme sensación de alivio, y la repentina capacidad de respirar más profundamente de lo que jamás te diste cuenta de que podías. Por otro lado, este corsé puede haber estado sosteniendo en algún equipaje antiestético que ahora es libre de rodar y rebotar y agitar. Este corsé también puede haber estado enmascarando un poco de dolor que has estado normalizando durante años, dolor que ahora de repente se siente insoportable. ¿Y todo lo mundano en lo que nunca solías pensar, como cómo sostener tu caja torácica cuando caminas, te paras o te sientes? Ahora, encuentras que tienes que pensar largo y duro en cada movimiento que haces, porque todo se siente tan desconocido, extraño y torpe.

Eliminar el narcisismo de tu vida te libera de muchas tonterías tóxicas, pero también a veces significa deshacerse de tu red de seguridad emocional, lo que puede ser muy aterrador. Sin estas personalidades dominantes alrededor para decirte qué hacer, cómo pensar y cómo sentirte, tendrás que decidir por ti mismo y asumir la responsabilidad de tus propios comportamientos. Volver a conectar con tu auténtico yo(la persona que eras antes de que el abuso reconectara tu cerebro) puede ser un proceso largo, por lo que también podrías sumergirte y hacer todo lo posible para disfrutarlo. Pregúntate: ¿qué me gusta, cuando nadie más me está diciendo lo que se supone que debo vivir? ¿Qué detesto? ¿Dónde quiero estar? ¿Cómo quiero sentirme? ¿Cómo quiero designar mi tiempo?

La pregunta más importante para hacerse es lo que desea. La práctica de meditación guiada puede ser enormemente útil para meditar en esa pregunta, así como silenciar todas las voces en tu cabeza que no son tuyas. La sociedad está llena de cabezas de hablar narcisistas, que nos dicen a todos lo que se supone que debemos querer, y qué metas vale la pena esforzarnos. Pero si los ignoras, puedes abrirte a un mundo de posibilidades. Por ejemplo, ¿qué pasa si realmente no quieres ser rico? ¿Qué pasa si todo lo que quieres es estar feliz, saludable y financieramente cómodo para devolver a organizaciones benéficas, o a amigos necesitados? ¿Qué pasa si realmente no quieres dominar tu campo profesional, o mantener el cuerpo de un atleta, o ganar un millón de seguidores en las redes sociales? ¿Y si aún no has encontrado tu alegría, simplemente porque te llevaron a buscarla en todos los lugares equivocados?

Anímese a experimentar; probar cosas nuevas, y ser audaz. Es posible que te sorprendas de la persona que encuentras debajo de todos esos moretones emocionales y equipaje una vez que hayan sido eliminados.

Curación y avance

El perdón es una parte importante de su proceso de curación. Pero no necesariamente quieres perdonar a tu abusador. De hecho, muchas víctimas de abusos narcisistas son demasiado indulgentes con los narcisistas, razón por la cual permitieron que el abuso durara tanto como lo hizo.

La persona a la que debes perdonar es a ti mismo. Primero, reconoce que la verdad de tu historia ha sido oscurecida en tu cabeza durante mucho tiempo; el narcisista no era una buena persona, y no tenía sus mejores intereses en el corazón. Todo fue un acto. Sabían que tenías dolor, y en lugar de liberarte de él, lo agravaron en todas las oportunidades posibles. Jugaste en esto porque querías ver lo mejor de ellos. Confiaste y creíste en ellos. No hiciste nada malo para merecer este tratamiento. Te mereces el perdón.

Pero al mismo tiempo, en cierto nivel, tenías que ser consciente de que esta relación era insalubre, y de todos modos permitiste que continuara. Usted aguanta los comportamientos de los que debería haberse alejado. Pusiste excusas para tu abusador y los protegiste de enfrentar las consecuencias de sus acciones. Aquí es donde usted comienza a asumir la responsabilidad personal de su curación, que no debe confundirse con aceptar la culpa del abuso. Su objetivo aquí no es hacerse sentir mal, o convencerse de que usted pidió este tratamiento; por el contrario, su objetivo es tratar de entender por qué permitió que el abuso suceda, para que pueda tomar mejores decisiones más saludables en el futuro. No hay ninguna vergüenza en esto; por lo general, aceptamos comportamientos abusivos porque vienen junto con otras cosas que deseamos desesperadamente, como una sensación de seguridad, empoderamiento financiero o simplemente un sentimiento de significado. Muchos de nosotros anhelamos sentirnos necesitados por alguien, y es ese simple deseo lo que nos deja vulnerables al abuso narcisista. Reconocer sus propios puntos de vulnerabilidad (los que continuamente le animaron a ignorar las banderas rojas y permanecer en una relación tóxica) es la mejor manera de protegerse contra futuras amenazas de abuso.

Por último, es posible que te sientas atascado, paralizado o tirado en dos direcciones diferentes durante bastante tiempo después de dejar a un abusador narcisista. La mitad de tu alma estará a la deriva en el tirón gravitacional del pasado, queriendo revisitar recuerdos y explorarlos, buscando respuestas. Mientras tanto, la otra mitad se agotará de esta situación y estará ansiosa por seguir adelante, dejando atrás el abuso como una serpiente derramando su piel. Entienda que esta dicotomía le cansará rápidamente, por lo que puede ser mejor configurar plazos designados para explorar el pasado (terapia, meditación, o incluso simplemente charlas planificadas con amigos de confianza) y el futuro por separado, lo que le permite dedicar toda su atención a cada uno y vivir conscientemente en el presente.

Eventualmente, llegarás a un punto en el que puedas conocer gente nueva, y no sentirás la necesidad de explicar lo que has pasado para justificar tu personalidad o comportamientos. Puede que no seas consciente de ello, o lo veas pasar, pero cuando llegues allí, te habrás liberado oficialmente de las garras del abuso narcisista. No olvides tu historia, pero reconoce esto como una oportunidad para escribir un nuevo final y cambiar toda la narrativa. Y recuerda siempre que el abuso que has sufrido nunca te hizo débil, sólo sirvió para hacerte más fuerte, más inteligente y más poderoso al final.

Capítulo 9

¿Juega la genética un papel?

Esta sección primero revisa las fases comunes de una relación narcisista – idealizar, devaluar y descartar – toca los rasgos comunes de las víctimas y las razones por las que las personas entran, voluntaria o involuntariamente, en relaciones narcisistas. Nota: es tan importante entender lo que impulsa a las personas a estas relaciones como entender lo que no están dispuestos a aceptar.

A menudo, las víctimas son tan manipuladas y acostumbradas a las circunstancias abusivas que la recuperación nunca llega. Experimentan años de abuso sin darse cuenta plenamente de la gravedad de su situación. En los casos más graves, las víctimas creen, sin duda, que en realidad son el problema y crecen dependiendo de la posibilidad de que su captor proporcione una intimidad y unión genuinas y necesarias que nunca se producen. Se quedan confundidos y se sienten impotentes, constantemente intentan cambiar sus circunstancias y se quedan muy decepcionados.

Finalmente, esta sección culmina con consejos para dejar a un narcisista, qué esperar cuando uno decide seguir adelante, y maneras de reconstruir y renovar.

Narcisistas y relaciones - La vida falsa de la víctima

Vivir con alguien que sufre de Trastorno Narcisista de la Personalidad es extremadamente confuso, descorazonante, doloroso y francamente debilitante. Las víctimas son propulsadas a máximos extremos, e igualmente mínimos extremos atrapados en una montaña rusa interminable de emociones sin el medio de bajar con seguridad. Pueden sentirse como si estuvieran atrapados en una puerta giratoria sin una manera clara de salir.

Los enfermos pasan por un conjunto muy específico de etapas relacionales, que, aunque son más comunes de lo que la mayoría espera, son en realidad muy difíciles de reconocer objetivamente para que las propias víctimas puedan escapar. Estos individuos a menudo son sorprendidos completamente desprevenidos cuando la máscara del narcisista se desprende, habiendo creído que estaban relacionados con alguien que es inmensamente encantador, carismático y por todas las apariencias externas 'perfecto'.

Una vez que se elimina la máscara, sin embargo, la confianza se disuelve y las víctimas se ven afectadas profundamente. Deben aprender a ajustar todo su proceso de pensamiento, repensando todo lo que sabían que era verdad. Sus vidas están completamente al revés y se quedan buscando seguridad inexistente, una red que ya no existe, o que nunca existió realmente. Hay un período de tiempo, a menudo prolongado, en el que la víctima se siente perdida, paralizada como si ya no pueda confiar en sí misma o en su juicio. Y, como los verdaderos narcisistas son incapaces de sentir empatía, sólo sus víctimas sufren una vez que suben las banderas rojas, dejando a estos individuos sintiéndose aún más solos y desesperados.

El narcisista es incapaz de creer que ha causado dolor y que no puede relacionarse emocionalmente con su víctima. Sugerirán que su víctima es una loca, aliviando así de cualquier posible culpa. Los narcisistas extremos suelen ser incapaces de sentir emociones saludables hacia otras personas. Creen que los demás, toda su red de familiares, amigos y conocidos, están allí simplemente para satisfacer sus necesidades. Estas personas no son seres humanos; son objetos, allí para proporcionar suministro narcisista.

Es esta incapacidad mirar hacia adentro lo que hace que la mayoría de los narcisistas no estén dispuestos a buscar terapia. Rara vez son los que buscan ayuda con sus relaciones o inician tratamiento profesional. Las víctimas suelen ser los buscadores. Lo más desalentador es que las víctimas a menudo buscan ayuda para sus propios desequilibrios mentales percibidos, que el narcisista les ha convencido que poseen. Se necesita un terapeuta altamente intuitivo y un experto en NPD para identificar los verdaderos problemas subyacentes, sacar a la luz posibles abusos narcisistas, y ayudar eficazmente a la víctima a hacer frente y reconstruir.

Si la víctima convence a su cónyuge narcisista para buscar asesoramiento de parejas, el peligro para su bienestar puede aumentar. Un consejero no entrenado podría ser víctima del encanto del narcisista, lo que conduce a más problemas de desilusión y autoestima en la víctima. El narcisista aprende lo que provoca que su víctima confiese en los demás con respecto a su infelicidad y 'arriba de su juego', asegurando que trabajen el doble de duro la próxima vez para mantener a su víctima en silencio.

Es difícil para los terapeutas identificar el abuso narcisista y hacer creer a la víctima que les ha sucedido, que la víctima se identifique y que el terapeuta asegure su confianza una vez que su mundo se desmorona. Terapeutas bien calificados y la atención de las víctimas revividas con éxito son pocos y distantes entre sí. Un terapeuta necesita jugar al detective y entender que la razón por la que la víctima cree que está buscando tratamiento puede ser realmente una consecuencia poco saludable (es decir, ansiedad, depresión, estrés, etc.) de un problema más grande.

Los terapeutas deben ser pacientes en el trabajo con posibles víctimas de abuso, no sólo conseguir que acepten que han sido abusados y trabajar con ellos en un plan para avanzar, pero en última instancia, dentro de este proceso, ayudándoles a entenderse mejor a sí mismos y por qué víctima en primer lugar. Al hacerlo, el ciclo es menos probable que se repita.

En última instancia, depende de la víctima vocalizar una comprensión de lo que ha ocurrido y reunir la fuerza para seguir adelante. Eventualmente, pueden estar dispuestos a ayudar a otros enfermos de abuso narcisista, de modo que la condición se reduzca casi hasta el punto de la eliminación. El ciclo debe romperse, y sólo aquellos que lo han presenciado tienen el poder de ayudar a prevenirlo.

Oferta y Demanda

La relación NPD es una lucha constante entre la oferta y la demanda. Piensa en economía simple. La oferta narcisista es baja a medida que aumenta la demanda de ella dentro del narcisista y necesitan más atención. A medida que el suministro se agota, la energía se agota en la víctima, y la víctima es incapaz de satisfacer la demanda. Esto hace que el narcisista explote. Después, el suministro se reabastecía a medida que se restablece el control y la víctima es desmotivada para proporcionar las reservas necesarias.

Un narcisista no muestra remordimiento por las cosas terribles que hacen. Nunca dicen que lo sentimos, pero pasarán el rato, todavía queriendo desesperadamente ser necesario, o, al menos, no descartados. Si uno invoca el valor de irse y tiene éxito, el narcisista continuará insertándose en la vida de la víctima, haciendo combustible para repostar su suministro. Ellos comerán a destaparte el regreso de las posesiones personales si él todavía tiene acceso a ellas, y puede seguir haciéndolo durante años, mucho después de que sean olvidadas. Mientras estén exigiendo atención y la víctima la esté suministrando permitiendo el contacto, este patrón continuará.

Capítulo 10

Libertad al fin

Para entender por qué sigues atrayendo a personas tóxicas en tu vida, tienes que entender por qué sigues permitiendo ese tipo de tratamiento. Por lo general, esto comienza en la infancia. Tal vez tenías una madre narcisista que, sin importar lo que hicieras, simplemente nunca estaba satisfecha. Por lo tanto, usted desarrolló una persona agradable a la gente con el fin de cumplir lo que faltaba. Hay dos rasgos que son necesarios en una persona que los manipuladores buscan: alguien con conciencia, así como alguien que tiene una deferencia excesiva.

Las personas que tienen conciencia son menos propensas a herir a otros, lo que significa que un narcisista se sentirá cómodo manipulándolos, ya que técnicamente permitirán que suceda. Si alguien cree en el amor, es menos probable que se retire de una situación tóxica, ya que es posible que se le haya enseñado a no hacer eso o que pueda pasar por nada. En el mismo sentido, alguien que es un pueblo complacer estará de acuerdo con mucho de lo que el narcisista quiere o necesita ya que quieren hacerlos felices.

Por un lado, hay un narcisista que busca personas que son vulnerables a ser aprovechadas, y por otro lado, hay personas que están heridas y tratan de complacer a todos para hacerse felices. Ambos hacen una situación muy tóxica.

Entonces, ¿cómo se puede evitar esto? En cierto sentido, es difícil de predecir, ya que depende principalmente de cuán educadas son las personas sobre los narcisistas y los empáticos. Si vemos que el cónyuge de alguien es tóxico y abusivo, podemos abrirnos a ellos y decírselo. La respuesta típica puede ser un montón de excusas para descartar el comportamiento, o tal vez la víctima ya ha investigado los comportamientos, pero todavía tiene esperanza de que su pareja puede cambiar. La esperanza es la palabra que mantiene a muchos en situaciones donde no pertenecen.

Con el fin de corregir o evitar ser manipulado, primero tienes que entender cómo la gente podría manipularte. Hay siete maneras en que las personas manipulan, e incluyen:

1. Ellos culpan,

2. Te hacen sentir inseguro,

3. Usan autocompasión,

4. Te halagan,

5. Sutilmente te intimidan,

6. Crean una falsa discordia, y

7. Se hacen el tonto.

Ellos culpan. Este tipo es generalmente una forma silenciosa de manipulación. Si alguien es culpado una y otra vez, entonces asumirá esa carga y se disculpará por todo. Si tu comportamiento está siendo juzgado, esa es también otra forma de manipulación ya que están tratando de hacerte sentir mal por quién eres. Si alguien te está diciendo si lo que estás haciendo es bueno o malo, eso es una señal reveladora de abuso.

Te hacen sentir inseguro. Si usted es inseguro, entonces usted puede ser fácilmente manipulado ya que le menospreciará cualquier oportunidad que tengan. En este caso, también te criticarán, lo que podría dejarte dudando de cada movimiento. También pueden tratar de confundirte convirtiendo pequeños errores en grandes errores.

Usan autocompasión. Hay gente en este planeta que se compadecerá y tendrá historias tristes sobre lo terrible que es su vida. Esto es para que te enganches a ayudarlos, y si saben que eres una persona amable y cariñosa, tratarán de manipular eso usando sus fiestas de piedad.

Te halagarán. No siempre se puede creer que los halagos, ya que podría usarse para que bajes la guardia para hacerte susceptible a la manipulación. Cuando alguien te halaga, ganará tu buena voluntad; sin embargo, esto no siempre es con buenas intenciones en mente. Si te conoces bien, serás más propenso a combatir este tipo de manipulación, ya que serás capaz de decir cuando alguien está siendo falso.

Te intimidarán sutilmente. Esto se hace de una manera sutil, como decirte que un determinado comportamiento es peligroso. Ellos le dirán que usted debe actuar de cierta manera en diferentes situaciones. Esto es para implicar que si usted no actúa de cierta manera, usted terminará con un resultado menos que deseable. Esta táctica de manipulación se utiliza para infundir miedo en ti.

Crean una falsa discordia. Si alguien siempre está en armas por pequeñas cosas, lo más probable es que esté siendo manipulado. Esto te mantendrá al límite, y te preguntarás qué estás haciendo mal en un momento dado. Los manipuladores hacen esto para tratar de acondicionar a las personas para que las traten de cierta manera o actuarán. Esta táctica de manipulación se utiliza típicamente para evitar cualquier responsabilidad, consecuencia o castigo.

Se volverán tontos. La gente se volverá tonta para dejar de hacer el trabajo porque alguien más lo hace mejor. Por ejemplo, si un marido no quiere cargar el lavavajillas, le dirá a su esposa que ella es mejor en ello. Si alguien pretende no entenderte, también están tratando de manipularte al no tomar responsabilidad por un problema con el que están involucrados.

Todas estas tácticas de manipulación conducirán a relaciones tóxicas y deshonestas. Si reconoces que alguien está tratando de manipularte, puede ser mejor llamarlo para que puedan reconocer el comportamiento. Lo más probable es que, si realmente son tóxicos, no serán dueños de todo, lo que te deja correr hacia el otro lado.

¿Codependiente o empatía?

Codependiente y empática se utilizan a menudo indistintamente; sin embargo, ambos son diferentes en las formas en que buscan la validación, el amor y la comprensión. Los empáticos pueden tener rasgos codependientes, pero no todos los codeantes pueden ser empáticos. Los codeantes siempre buscan fijar y ayudar a las personas, mientras que las empatas están espiritualmente en sintonía con cómo otras personas sienten y absorben la energía de otras personas. Ambos quieren ser amados, validados y comprendidos; sin embargo, ambos reaccionan de manera diferente a los narcisistas.

Empático

Una empatía normalmente se atornillará a cualquier signo de un narcisista. La única manera en que se sentirán atrapados en un lugar con un narcisista es si eran demasiado jóvenes para entender las banderas rojas o no fueron educados en narcisistas o relaciones empáticas. Cuando una empatía es educada sobre el tema, o ha sido herida por un narcisista y ha hecho su propia investigación, es más probable que salga de situaciones tóxicas. Los empáticos tienen algunos de los siguientes rasgos:

1. Absorben las emociones de los demás,
2. Son muy sensibles e intuitivos,
3. Son capaces de ver un punto de vista desde todos los ángulos, y
4. Entienden profundamente a las personas, los lugares y las cosas.

Los narcisistas no tienen empatía, por lo que tienden a aferrarse a las empatías para alimentarse de ellos para satisfacer esa necesidad. Las empatas tienen mucho que dar; sin embargo, se agotan y se agotan muy rápidamente. El buen aspecto de una empatía es que reconocerán lo que está usando su energía y decidirán distanciarse de esa fuente. Por lo tanto, si una empatía tiene un marido narcisista, habrá momentos en que la empatía tiene que alejarse y aislarse por un tiempo para recargar. Las empatas son muy conscientes de sí mismas y de su entorno, y eso les dará la ventaja, ya que llamarán el comportamiento del narcisista.

Codependiente

Los codeantes desperdiciarán toda su vida con un narcisista pensando que pueden arreglarlos o ayudarlos a cambiar. Puede llegar un momento en que un codependiente esté harto y quiera salir, pero por lo general se mantienen en la relación debido a la culpa de renunciar a alguien. Los codeantes tienen los siguientes rasgos:

1. Tienen baja autoestima,
2. Buscan validación fuera de sí mismos,
3. Son fijadores y ayudantes,
4. Se unen a una personalidad alfa para la identidad,
5. Su estado de ánimo depende del estado de ánimo del alfa, y
6. Buscan elogios y tienen el deseo de ser queridos.

Un narcisista no tiene tanto miedo de un codependiente como de un empático, por lo que los codeantes son los más buscados para un narcisista. Los codeantes tienen un mal sentido de los límites, por lo que pueden ser fácilmente aprovechados, y una vez que intenten hacer cumplir los límites, notarán una resistencia severa. Es difícil para un codependiente liberarse de un narcisista porque no pueden verse separados de ellos.

El siguiente gráfico mostrará las diferencias una al lado de la otra, que puede ser más fácil de identificar exactamente cuál podría ser:

Empático	Codependiente
Puedo sentarme con tu sufrimiento	Quiero y puedo arreglarte
Me siento cómodo con una variedad de emociones	Tengo una adicción emocional y me alimento de las emociones de la gente
Veo por qué crees, piensas y sientes las formas en que lo haces	Quiero creer, pensar y sentir las cosas que haces
Tengo un espacio para tus emociones	Quiero asumir tus emociones como si estuvieran mis propias
Mis relaciones suelen ser satisfactorias	Tiendo a ser aprovechado y constantemente me siento agotado de ella

Imaginemos a los dos en las relaciones. Hay un marido narcisista más una esposa empática y un marido narcisista y una esposa codependiente. La esposa empática, cuando reconozca los signos de abuso, será consciente de su entorno y llamará a los comportamientos ya que no soportará sentirse agotada de ella. La esposa codependiente reconocerá los signos, pero pensará que el problema es ella, lo que permitirá al esposo actuar como lo hace. Por lo tanto, los codeantes permanecerán en la relación y continuarán excusando por qué se mantienen en una mala situación. Una empatía puede tener rasgos codependientes, pero a menos que la empatía se drene más allá de la creencia, tendría fuerza y conocimiento para alejarse de lo que es tóxico para ellos.

Cómo se forma un bono de trauma

Un vínculo de trauma se forma con el tiempo, y tiende a mantener a las víctimas en las relaciones porque esperan que vuelva a la fase "buena". El objetivo principal de un abusador es seguir recibiendo algún tipo de beneficio de usted. Cuando estás completamente agotado y agotado, pueden enojarse porque no puedes cumplir con el suministro que necesitan en ese momento. A continuación, tratará de trabajar más duro para complacer a su abusador y mantener la relación a flote. Cuando alguien dice "no siempre es malo, también hay buenos momentos", por lo general están viviendo en este tipo de ciclo en su relación. Hay señales de que usted tiene un vínculo de trauma con su abusador, y aquí están los cinco principales:

1. Te sientes constantemente cansado.

2. Sientes que no puedes hacer nada bien para el narcisista.

3. Si intentas irte, la angustia de perderlos te jala hacia atrás.

4. Sabes que te causarán más dolor, lo estás esperando, pero permites que ocurra.

5. Los pusiste como una prioridad. Si te llaman por mensaje de texto, dejarás caer todo para responder.

Los lazos de trauma se encuentran típicamente en relaciones que tienen un refuerzo inconsistente e incluso pueden ser referidos como el Síndrome de Estocolmo. El Síndrome de Estocolmo se ve típicamente en prisioneros de guerra o situaciones de rehenes. Con el tiempo, una relación abusiva tomará la forma del Síndrome de Estocolmo, y las víctimas realmente protegerán, amarán y dependerán de su abusador para sobrevivir. Cuando la víctima se ha desvinculado completamente (adormecida) del dolor de la situación, comienzan a sentirse indefensos y luego fantasean con su abusador.

El tipo de entorno necesario para fomentar un vínculo de trauma tiene "intensidad, complejidad, incoherencia y promesa, [y] las víctimas se quedan porque se están aferrando a esa atractiva "promesa o esperanza" (Stines, 2015). Cuando una relación comienza de una manera que crea un buen sentimiento o ambiente, la víctima siempre está esperando a que vuelva a ese punto. Esto es lo que mantendrá a alguien estancado en una situación mucho más larga de lo que debería ser porque siguen esperando que vuelva.

Hay maneras de recuperarse de un vínculo de trauma tóxico. Las seis formas principales de recuperarse son las siguientes:

1. Concéntrese en tomar decisiones que respalden su autocuidado,
2. Aprende a llorar,
3. Acostúmbrate a entender tus emociones,
4. Construir conexiones saludables en su vida,
5. Haga una lista de comportamientos que no aceptará, y
6. Vivir un día a la vez.

Concéntrese en tomar decisiones que respalden su autocuidado. En otras palabras, no tomes ninguna decisión que te vaya a hacer daño. Usted puede sentirse débil por el trauma, y lo último que debe hacer es hablar negativamente con usted mismo o revivir lo que acaba de experimentar. Sé amable con ti mismo y deja que tu cuerpo y mente el tiempo para procesar todo lo que ha sucedido.

Aprende a llorar. Perder un matrimonio o una relación que fuera diferente de lo que pensabas que era inicialmente será cómo perder a un ser querido. Tienes que darte tiempo para lamentar la pérdida.

Acostúmbrate a entender tus emociones. Cuando alguien está en un vínculo de trauma tóxico, tiende a pensar en la forma en que es manipulado para pensar. Por lo tanto, tomará tiempo desintoxicarse de esa mentalidad y pensar por sí mismo. Permítete tiempo para sentir todas las emociones para que puedas procesarlas y poseerlas.

Construye conexiones saludables en tu vida. La única manera de crear conexiones en buen estado es eliminar las conexiones en mal estado. Encuentra con quién tienes un fuerte vínculo, sin ningún drama, e invierte en esas relaciones.

Haz una lista de comportamientos que no aceptarás. Has aceptado comportamientos inmorales durante demasiado tiempo. Haz una lista de comportamientos que prometes no volver a aceptar y seguir adelante con ella. Por ejemplo, gestionaré mis propias finanzas o no discutiré con alguien que me llame nombres.

Vivir un día a la vez. Habrá días buenos y días malos, así que asegúrate de vivir cada día como si fuera un nuevo comienzo. No se concentre en los días malos; centrarse en seguir adelante y recuperar su vida.

Con el fin de desintoxicarse de un vínculo de trauma, es importante estar lejos de esa persona sin contacto. No es hasta entonces que la víctima verá la devastación que han soportado durante tanto tiempo; una vez que se ve, el proceso de curación comenzará.

Mecanismos de afrontamiento para el abuso narcisista

Los mecanismos de afrontamiento se pueden usar cuando están en una relación abusiva o cuando se enfrenta a las secuelas del abuso. Exploraremos los mecanismos de afrontamiento para aquellos que todavía están en el ciclo de abuso para tratar de ayudarles a salir de ella. Muchos de estos también pueden aplicarse después de que la relación ha terminado también.

1. Hazte una prioridad y concéntrate en mejorar tu salud física y mental,
2. Crear y aplicar límites,
3. Entender que no se puede arreglar a una persona abusiva,
4. No te culpes a ti mismo,
5. No se involucre con una persona abusiva, y
6. Trabaje en la creación de un plan de salida.

Hazte una prioridad y concéntrate en mejorar tu salud física y mental. En lugar de preocuparse por complacer a su abusador, concéntrese en sí mismo. Puede parecer extraño al principio, o puede sentirse culpable, pero usted necesita cuidar de sí mismo para funcionar y mantenerse saludable. Dormir también es muy importante, ya que es muy probable que su cuerpo esté estresado todo el tiempo y que necesite ser capaz de recuperarse.

Crear y aplicar límites. Incluso si no tenía límites antes, debe crear una lista de límites para el abusador. Entonces, tienes que hacerlas cumplir. Por ejemplo, el abusador pasa a través de su teléfono sin permiso. Añadir un código de acceso en su teléfono y hacerles saber que no es respetuoso hacer eso y si necesitan ver su teléfono, puede desbloquearlo para ellos. Ese es sólo un ejemplo; otro sería que no deben insultarte o llamarte nombres o de lo contrario la conversación terminará. Entonces, si no lo siguen, vete.

Entienda que no puede arreglar a una persona abusiva. Las personas abusivas están eligiendo ser abusivas. La única manera de que cambien es si deciden cambiar. Usted no será capaz de forzarlos a cambiar o ayudarles a cambiar. No te cambies para apaciguarlos para que cambien, ya que nunca funcionará.

No te culpes a ti mismo. Usted puede escuchar que todo es su culpa, e incluso podría empezar a pensar que lo es, pero recuerde, que es la manipulación. No es tu culpa que alguien más decida hacer algo.

No se involucre con una persona abusiva. Esto es difícil... como, muy, muy difícil. Cuando alguien está rondando sobre ti diciendo que haces cosas que nunca harías, es casi imposible no responder. Sin embargo, ya sea en persona o a través de un mensaje de texto, entrena tu mente para que se centre en otra cosa en ese momento. Tal vez cantar una pequeña canción en tu cabeza, contar hasta diez, apagar el teléfono si no dejan de enviar mensajes de texto, enviarte mensajes de texto a ti mismo las respuestas en su lugar, escribir cómo respondería, o levantarse y alejarse.

Trabaje en la creación de un plan de salida. Todos imaginamos cómo sería la vida fuera de los reinados de un abusador. ¿Por qué no crear eso en papel y tratar de establecer una manera de hacer que eso suceda? Sí, es muy aterrador, y es posible que no sigas adelante con él, pero a veces todo lo que se necesita es escribir lo que deseas hacer. Durante este tiempo, sería mejor reunirse con un defensor de la violencia doméstica o un consejero para ayudar a elaborar un plan adecuado.

También puede notar que está desarrollando mecanismos de afrontamiento poco saludables para hacer frente a su situación. Algunos podrían empezar a beber alcohol, comer alimentos grasos, dejar de hacer ejercicio, empezar a acostarse mucho, empezar a beber soda o pop, y/o no comer en absoluto. Hay un montón de otros mecanismos de afrontamiento defectuosos, pero de cualquier manera, es una manera de quitar su mente del caos a su alrededor para darle una sensación de control, así como un poco de felicidad a medida que se entrega.

Reconocer los signos de abuso es una cosa, pero ¿qué haces si lo estás experimentando? Bueno, si te encuentras en esta situación y no crees que tienes una salida, que es muy común, para aliviar tu mente puedes crear un plan de seguridad. Un plan de seguridad podría incluir:

1. Manteniendo una maleta en la casa de un vecino,

2. Conseguir una escalera plegable para mantener en una habitación arriba para que pueda escapar,

3. Aparcamiento en la entrada y no en el garaje,

4. Atrincherarse en una habitación con un objeto pesado, y

5. Darle a un amigo o familiar de confianza una llave o un abridor de puerta de garaje a tu casa.

Hay otras formas de escapar; sin embargo, si usted está viviendo en una situación abusiva, pero estos son los primeros pasos a tomar con el fin de salir de la casa con seguridad. Cuando todas las demás opciones fallen, protéjase a sí mismo y a sus hijos, si tiene alguna.

Capítulo 11

Cómo sanar del abuso narcisista

Cuando usted está tratando de sanar del narcisista después de escapar, en algún lugar durante la etapa de determinación, tendrá que encontrar maneras de cuidar de sí mismo. Necesitas sanar todas las heridas que el abuso del narcisista dejó atrás para convertirte en la persona que estás destinado a ser. La curación puede ser increíblemente difícil si se deja a sus propios dispositivos, e incluso puede sentirse tentado a seguir adelante sin abordar nunca el daño que sufrió. Sin embargo, es esencial. Nunca sanarás realmente si dejas que las heridas se agudecen y empeoren. Tu sentido de sí mismo, tu felicidad y tú mismo se marchitarán lentamente si no tratas las heridas. Tal como usted sabe, debe tratar una herida física; usted debe cuidar de sus heridas mentales y emocionales también. Tómese el tiempo para realmente absorber los métodos de curación del abuso, y realmente poner esfuerzo en mejorar a sí mismo. Sentirás mucho alivio después de haberte tomado el tiempo para sanar.

Recuerda, huir o poner la cabeza en la arena y fingir que estás bien es lo que el narcisista te enseñó a hacer. No importa lo tentador que pueda ser tratar de afilar los dientes y seguir adelante, usted necesita para abordar sus lesiones. En momentos de debilidad, recuérdate que solo quieres hacer lo que es familiar, pero hacerlo no te ayudará ni te beneficiará. Simplemente es retroceder a viejas costumbres que pueden conducir a un nuevo revés, y potencialmente enviarte en espiral de vuelta al narcisista. Sólo curando todas las heridas se puede realmente eliminar todas las cadenas que el narcisista ha instalado y realmente liberarse.

Autocuidado

Una de las maneras más fáciles, en teoría, de ayudar a curarse a sí mismo es participar en el autocuidado. El autocuidado puede ser difícil incluso para aquellos con mentes sanas, que son felices consigo mismos y no tienen alguna curación seria que hacer. Es fácil quedar atrapado en el bullicio de la vida y renunciar al tiempo de cuidado personal en favor de hacer otra cosa, pero es importante involucrarse en.

El autocuidado, en su esencia, es cuidarse a sí mismo. Estás haciendo de tu bienestar físico y mental una prioridad para ti mismo, y no te avergüenzas de hacerlo. Particularmente para las víctimas de abuso narcisista, que han interiorizado que sus necesidades son las últimas, esto puede ser difícil, pero es una habilidad importante para aprender. La forma más fácil de participar en el autocuidado es crear una rutina en la que tengas varias cosas que haces regularmente para crear buenos hábitos. Si no está seguro de por dónde empezar con el cuidado personal, aquí hay varias ideas de maneras de comenzar su rutina de cuidado personal.

- Buena higiene del sueño: Asegúrate de dormir a la misma hora todas las noches y presta atención a cosas que podrían dificultar el sueño, como tener un televisor en tu habitación que te mantenga despierto o usar el teléfono en la oscuridad en la cama. ¡Mantenga el dormitorio sólo para dormir!
- Coma alimentos saludables: Haga que sea un punto para nutrir su cuerpo para mantenerlo físicamente saludable. Se cree que tu instinto y tu mente están vinculados, y si puedes mantener tu intestino sano, es probable que también encuentres tus mejoras en la salud mental.
- Ejercicio diario: El ejercicio no solo es bueno para el cuerpo, la mente también lo necesita. Haga que sea un punto para tomar al menos treinta minutos al día para hacer ejercicio, ya sea una clase de fitness, tiempo en el gimnasio, o incluso simplemente un paseo por el parque. ¡Solo asegúrate de que ese paseo suba tu ritmo cardíaco!
- Priorizar el autocuidado: La forma más fácil de participar en el autocuidado es priorizar el autocuidado. Asegúrate de proteger los tiempos que reservas para cuidarte y tratarlos como preciosos. Te mereces ese tiempo por tu propio bienestar.

- Haga un viaje: A veces, tomar unas vacaciones de fin de semana lejos del bullicio del trabajo, amigos, y la ciudad puede ser increíblemente refrescante. Esto funciona aún mejor si te desconectas por un tiempo y te dejas disfrutar de tu propia presencia. Mantenga su teléfono apagado, y disfrutar de su propia compañía por un momento!
- Tomar descansos con frecuencia: Los descansos de salud mental son necesarios para funcionar eficazmente. Sin ellos, corres el riesgo de quemarte y de otra manera luchar para cumplir con tus responsabilidades sin ser completamente miserable. Sus descansos podrían incluso ser simples de cinco minutos fuera cada par de horas cuando se trabaja. Tu cordura definitivamente te lo agradecerá.
- Cuidar de una mascota: Las mascotas aportan mucho a nuestras vidas, incluso con las responsabilidades que vienen con ellos. Al tener una mascota, fomentas una relación con algo que es incondicional, carece de juicio e incluso puede disminuir tu presión arterial. Los perros, en particular, son tan buenos para el autocuidado y la curación que incluso los enfermos de TEPT los han adaptado como animales de servicio para ayudar con la salud mental!

- Mantenerse organizado: Si está organizado, es menos probable que se estrese por olvidar algo o cómo encajar todo. Incluso algo tan simple como implementar un calendario o planificador puede beneficiar inmensamente su salud mental.
- Cocine en casa: Además de comer saludablemente, cocinar su propia comida puede ser sorprendentemente terapéutica. Hay algo acerca de tomar materias primas, prepararlos, y crear algo nutritivo y delicioso de ellos que es tan satisfactorio! Cocine en casa a menudo para cosechar los beneficios.
- Lea: Lea a menudo. No sólo es bueno para tu cerebro, sino que también hay un mundo de conocimiento por ahí. ¡Incluso podrías leer un libro sobre el aprendizaje del autocuidado! Incluso si los libros que lees son de ficción, todavía puedes beneficiarte de la lectura. Mantiene tu mente estimulada y te ayudará a mantenerte más saludable.
- Aprende una nueva habilidad: Aprender algo nuevo puede ayudarte a elevar tu propia autoestima. Al finalmente aprender a hacer algo nuevo, es probable que te sientas orgulloso de ti mismo, ¡lo cual es genial! Intenta aprender algo nuevo,

especialmente si es algo que siempre te ha interesado.

Compasión

Como incluso hay una etapa entera en el proceso de curación llamada compasión, no es de extrañar que juegue un papel en la curación de su abuso. Recuerda tener la compasión por ti mismo para reconocer que no merecías el abuso que sufriste, y reconocer que cometer errores está bien.

A menudo, las víctimas de abuso narcisista luchan por ser compasivas o pacientes consigo mismas, sienten que están siendo poco merecedoras de esa compasión, incluso si le dirían a alguien más en sus zapatos que está bien y que la compasión es necesaria. Incluso pequeñas cosas pueden desalojar a una víctima de abuso, como derramar un vaso de leche. Si has soportado abusos, puedes decirte a ti mismo que eres estúpido por cometer un error tan simple, e incluso puedes menospreciarte, llamándote torpe e inútil.

El problema es que esas no son tus palabras, son los narcisistas. Derramar un vaso de leche no es un gran problema en el gran esquema de las cosas. En términos de un error, es inofensivo. Incluso si el vidrio se rompió, nadie murió. No hubo ningún daño irreparable a nada que no fuera un vaso, que muy probablemente no tiene algún valor inmenso de todos modos.

Recuerda considerarte con la misma compasión que siempre has tenido por los demás. Te lo mereces tanto como las personas que tratas con esa compasión y dirigir algo de eso hacia adentro tampoco le quita a nadie más. La compasión y la voluntad de perdonarse a sí mismos será un largo camino.

Esa compasión también debe venir con paciencia. Reconoce que te tomará una cantidad significativa de tiempo para sanar del abuso del narcisista, pero eso no te invalida. Eso no te hace menos valioso, y no dice nada sobre tu valor. Simplemente significa que eres un humano y es probable que tengas obstáculos de vez en cuando. El hecho de que tropieces y caigas y cometas un error no significa que debas entusiasmarte o hacerte sentir peor.

Permítete tiempo para lamentarte adecuadamente

El dolor es una parte natural de la vida, en la que las personas se enfrentan a la pérdida. Por lo general, el dolor está reservado para las personas que han perdido a un familiar cercano o amigo, pero a medida que pasas por las etapas de separarte de una relación abusiva, pasas por un proceso similar. Esto se debe a que, particularmente cuando estás involucrado con un narcisista, has perdido a alguien. Has perdido a la persona que creías que era el narcisista. Recuerda cómo el narcisista usó un personaje para atraerte: te enamoraste de la máscara del narcisista. Al principio amabas a alguien que resultó ser un producto de la imaginación de tu abusador. Sin embargo, el proceso de ver cómo el narcisista se transforma de un amante perfecto a un monstruo es devastador. No es diferente de ver a alguien alejarse de una enfermedad terminal, perderlo lentamente, pero cuando pierdes la personalidad del narcisista, te quedes con un monstruo que lleva la cara de tu ser querido como un recordatorio constante de lo que perdiste.

Cuando conociste al narcisista por primera vez, viste a alguien encantador, carismático, amigable y probablemente cada cosa que hayas querido. Esencialmente viste a tu alma gemela de pie frente a ti, y con el tiempo, tu alma gemela se desvaneció. Primero, la persona en la que confiabas todo comenzó a hacerte daño, un poco al principio, hasta que el abuso fue casi constante. Te quedaste consternado de cómo alguien que amabas tan profundamente, que creías que te amaba con la mismo pasión, de repente podría convertirse en un monstruo, pero lo hizo. Esto es igual de profundo de una pérdida, incluso si usted está perdiendo la idea de una persona. Todavía perdiste a alguien a quien amabas, y no deberías minimizar eso. El duelo se presenta en cinco etapas: negación, ira, negociación, depresión y aceptación.

Negación

Cuando llegues a la negación, quieres negar que algo ha pasado. Fue entonces cuando estabas atrapado por el narcisista, completamente convencido de que el abuso no era tan malo como en realidad. Negaste que la persona que amabas se había ido. Después de todo, ¿cómo podría irse cuando puedes ver su cara ahí? Te aferras a la esperanza de que la persona que pensaste que era el narcisista todavía está ahí en alguna parte, y haces excusas. Usted puede decir que el narcisista no era tan malo, o tratar de convencerse de que está dispuesto a quedarse atrás porque al menos se llega a ver la cara de su ser querido mirándolo a través del abuso. Intentas convencerte de que las cosas estarán bien. Aquí es donde estabas antes de llegar a la etapa de reconocimiento de la curación. Te negaste a reconocer el abuso por lo que era.

Ira

Eventualmente, tu negación cede a la ira. Tus ojos están abiertos, y finalmente quieres liberarte. En esta etapa, quieres escapar a toda costa, diciéndote a ti mismo que no mereces este abuso. Te sientes enojado con el narcisista por convencerte de que te quedes con él, y por convencerte de que el abuso es aceptable o normal. Te sientes enojado porque la persona que amabas se ha ido, o nunca existió en primer lugar. Te sientes traicionado y manipulado, porque lo eras. El narcisista te engañó y te enamoraste. Más que nada, sin embargo, te sientes enojado contigo mismo por enamorarte de todo. Te dices a ti mismo que deberías haberlo sabido mejor y también te culpas a ti mismo, incluso si no te lo mereces. Quieres desesperadamente que la persona que amas regrese de alguna manera, y quieres que el narcisista pague por lo que te hizo. Esta es probablemente la etapa en la que huyes del abuso del narcisista, ya no está dispuesto a soportarlo más.

Negociación

Cuando llegues a la etapa de negociación, estás dispuesto a dar cualquier cosa para volver a cómo eran las cosas antes. Te dices a ti mismo que harás lo que sea necesario para recuperar el personaje del narcisista, ya sea soportar el abuso del narcisista o cualquier otra cosa. En esta etapa, usted está lidiando con la permanencia de la situación y está desesperado por una señal de que la realidad no es lo que puede parecer. Si eres religioso, puedes orar a tu dios para arreglar las cosas, o que seas más devoto si tu dios de alguna manera puede darte un milagro y traer a tu ser querido de vuelta a ti sin el narcisista. Prometes hacer cualquier cosa que se te ocurra, pero por supuesto, no funciona porque tu ser querido nunca fue una persona real y viviente.

Depresión

Poco después, se llega a la realización de la permanencia de la situación actual. Ves que nunca recuperarás tu amor, y caes en una depresión. Estás a tu lado que la persona se ha ido y eres tan miserable e infeliz con ella que dejas de sentir nada en absoluto. Esencialmente apagas tus sentimientos, en lugar de permanecer en la autocompasión. Reconoces la inutilidad de todo y te preguntas por qué deberías molestarte en continuar con algo. La vida se siente desesperada, y te preguntas si incluso el narcisista sería una mejor alternativa que este infierno solo. Extrañas tanto al personaje del narcisista que duele, y la idea de no volver a ver a esa persona que amabas es tan abrumadora que te cuesta enfrentarte.

Aceptación

Eventualmente, finalmente llegas a la etapa de aceptación. Aquí, finalmente se ve la luz de nuevo. Reconoces que el narcisista te engañó, pero también reconoces que las cosas estarán bien. Todavía amas la persona por la que te enamoraste originalmente, pero reconoces que no era más que un intento de manipularte para que te enamora ras del narcisista. Lo ves por el arma que era, y aceptas dejarlo ir. En este punto, buscas seguir adelante, y te permites encontrar el disfrute en otras cosas y darte cuenta de que lo que sucedió no fue el fin del mundo y que estás abierto a la idea de encontrar el amor verdadero de nuevo en el futuro.

Desarrollar redes de apoyo

Reconocer que no puedes superar este proceso por sí solo es probablemente uno de los más indicativos de si serás capaz de escapar del abuso del narcisista. Necesitas el apoyo de otras personas para estar ahí para ti en momentos de debilidad, y cuando sientas que ya no puedes seguir sin el narcisista. Tener personas, puedes hablar y confiar para ayudarte te hace mucho más propenso a salir adelante sin volver al narcisista para más abuso. Su red de apoyo puede tomar muchas formas, pero la mayoría de las veces, se basa en una base de cuatro grupos de personas: amigos, familia, grupos de apoyo y un terapeuta, si tiene una.

Amigos

Los amigos estarán allí para ti a través de grueso y delgado, e incluso si el narcisista ha logrado aislarte de muchos de ellos, si fueras a enviar un mensaje a algunos de tus amigos más cercanos desde antes del abuso, es probable que te sorprendas de cuántos de ellos son aliviado y emocionado de saber de usted. Pueden compartir que han estado esperando a que usted se ponga en contacto con ellos durante años y que siempre estaban tan preocupados por usted. Es probable que tus amigos comanden la mayor parte de tu grupo de apoyo. Estas son personas que se reunirán contigo en un mal día para ver películas y atragantarse comiendo cajas de helado, o te dejarán despotricar sobre lo traicionado que te sientes por el narcisista. Con mucho gusto estarán allí para usted y simplemente disfrutar de estar en su presencia en general. Si usted no tiene amigos, usted debe tratar de hacer algunos. Hay muchas maneras diferentes de hacerlo, como ir a clases para aprender nuevas habilidades o grupos a los que puedes unirte con personas que comparten tus intereses. Especialmente con

Internet a su disposición, es probable que pueda google cualquier pasatiempo suyo y la ciudad en la que vive, y sorprenderse de encontrar grupos de personas de ideas afines que probablemente estarían encantados de tenerlo si se comunicó con ellos y pidió unirse a ellos.

Familia

Es probable que tu familia esté ahí para ti si pides ayuda más seria, como necesitar dinero, un lugar donde quedarte o apoyo general mientras intentas escapar. Especialmente si usted está escapando con los niños, su propia familia es un lugar fantástico para comenzar. Su familia sólo quiere lo mejor para usted, y como sus amigos, es posible que se sorprenda al escuchar que muchos de sus familiares habían sospechado de abuso durante mucho tiempo. También es probable que se sitien de que te vayas, y con frecuencia puedes encontrar un montón de apoyo de estas personas.

Grupos de apoyo

Los grupos de apoyo son particularmente útiles cuando necesitas a alguien que entienda lo que estás pasando más que simplemente tener una idea general de cómo te sentiste. Por lo general, puedes encontrar grupos de apoyo para sobrevivientes de abuso narcisista buscando en línea, tanto en tu propia área como en línea. Hay varios foros y juntas de personas que se reúnen para discutir su abuso, y es probable que sea capaz de encontrar otras personas que han pasado por casi exactamente lo que tiene. Las personas que entenderán la intensidad del abuso, la forma en que el narcisista tan a fondo logra descomponer a la gente, y lo difícil que es irse son los que han pasado por él antes y lo conocen fuera de la experiencia.

Cuando encuentres un grupo de apoyo que haga clic para ti, podrás ver a las personas en todas las etapas de la curación. Verás a personas que se han recuperado más o menos completamente y están allí, apoyando a otras personas a través de sus viajes hacia la curación, y otras que pueden haberse ido, o han estado considerando irse que están tratando de aprender qué hacer. Esto puede ser particularmente útil, ya que puedes mirar a otras personas que están más allá de lo que eres para inspirarte. Puedes pedir consejo, hablar con personas que han estado donde estás, e incluso simplemente disfrutar de una conversación con alguien que sabe lo que has pasado. En última instancia, esto puede ser una experiencia increíblemente perspicaz, y casi siempre obtendrá algo bueno de navegar a través de estos foros o reunirse con otros sobrevivientes. Lo que quedará claro cuando hagas esto, sin embargo, es que no estás solo por ningún medio. Muchas, muchas personas han sido víctimas del narcisista, y desafortunadamente, muchas más también lo harán. Por lo menos, hay varios espacios seguros en Internet y en persona donde los sobrevivientes de abuso narcisista pueden unirse para apoyarse mutuamente hacia la curación y la mejora de sí mismos.

Terapeuta

Un terapeuta puede ser particularmente útil para ayudar a sanar también. Mientras que usted tendrá una relación profesional con un terapeuta en lugar de una amistad, usted será capaz de hablar con el terapeuta para ayudarle a lidiar con sentimientos difíciles o para lidiar con las cosas que usted está luchando para manejar. El terapeuta, aunque opcional, siempre es una opción fantástica cuando se recupera del abuso si puede hacerlo.

Creación de puntos de venta saludables

Cuando has sufrido a través del abuso narcisista, probablemente has desarrollado algunos pensamientos y sentimientos bastante tóxicos. Muchos de estos provienen de lo que probablemente es una tendencia a ser empático, ya que esa es una de las cosas que el narcisista desea más, y absorbiste los sentimientos tóxicos del narcisista. Las empatías son particularmente propensas a internalizar los sentimientos y tendencias de quienes los rodean, y las tendencias del narcisista pueden ser particularmente tóxicas para la empatía.

Una de las mejores cosas que hacer cuando has interiorizado toda esa negatividad es encontrar una salida creativa y saludable para ello. Deberías buscar algún tipo de manera de eliminarte la toxicidad, ya sea a través del arte, la música, el aprendizaje, tomar clases o cualquier otra cosa que te atraiga. El ejercicio es una táctica común utilizada, en la que literalmente sudas la negatividad. La parte importante aquí es que logras eliminarlo de alguna manera y que te sientes mejor después de haber terminado lo que has decidido hacer. Con el tiempo, liberarás toda la negatividad acumulada, y empezarás a sentirte mucho mejor contigo mismo.

Terapia

La terapia también puede guiarte hacia la curación. Como se toca brevemente, un terapeuta es uno de los mayores favores que puedes hacer por ti mismo. Hay muy pocas personas en este mundo que no se beneficiarían de la terapia, y la probabilidad de que uno de ellos sea usted es increíblemente delgado. Cuanto antes lo inicies, más pronto empezarás a ver resultados. Hay varios tipos diferentes de terapia que podrían ser útiles para una víctima de abuso narcisista, y a través de la terapia, usted sería capaz de aprender habilidades valiosas, tales como cómo hacer frente al trauma dejado atrás, entender lo que lo hizo vulnerable a la narcisista en primer lugar, y cómo resolver todos los problemas que vienen con todas las emociones que sientes dando vueltas dentro de ti.

Si la terapia es algo que suena como si te beneficiaría, intenta hablar con tu médico de atención primaria para una referencia, o busca recomendaciones locales a tu área en línea. Incluso si el costo es un problema, hay un montón que le ayudará en una escala deslizante, así como opciones en línea que pueden ser más asequibles para usted.

Conclusión

Este libro no pretende evitar que te caiga ningún daño. El abuso da miedo y las personas detrás de él son impredecibles. Puede ser aterrador tratar de lidiar con los abusadores de frente, y usted es increíblemente valiente para hacerlo. Si nada más, aprecie a sí mismo y a su valentía ya por ser capaz de mantener la calma en medio de una relación potencialmente peligrosa.

Usted es alguien que puede lidiar con cualquier cosa si puede tratar con un abusador o una relación tóxica. Si puedes mirar a un abusador a los ojos y saber que algún día estarás lejos de ellos, eso es más poderoso que nada. El día que dejé a mi abusador fue quizás el día más aterrador que he experimentado a lo largo de toda la relación. Mi sangre se enfrió, y no tenía idea de si me encontrarían y qué harían si lo hacían. Es tan poderoso para ser capaz de lidiar con las pruebas de abuso sin dejar de pensar en lo que harás después de salir. Tu abusador es frío y manipulador, y harán todo lo posible para hacerlo para que nunca te vayas. Este es su objetivo final: mantener a su presa alrededor durante el mayor tiempo posible hasta que hayan agotado cada onza de espíritu en su víctima.

A pesar de esto, usted tiene muchas herramientas a su disposición para hacer uso de sus fortalezas cuando lo hace averiguarlo. Después de abordar sus debilidades junto con sus fortalezas, puede averiguar qué hacer a partir de ahí en función de lo que su situación particular requiere. Ahí es también donde este libro es útil: hay innumerables tipos diferentes de abuso y muchas maneras diferentes que el abuso puede manifestarse. Por lo tanto, también hay innumerables maneras diferentes de reaccionar a ese abuso correctamente y defenderse de él.

Este libro no es sólo para determinar cómo estás siendo abusado y cómo puedes evitar caer en esos trucos, sino que también es para que consideres a dónde ir desde allí. Muchos libros sobre abuso no tienen debidamente en cuenta la imprevisibilidad de la vida inmediatamente después de una relación volátil. Ser capaz de buscar diferentes formas de salir, tomar notas del comportamiento de su abusador, y tener diferentes planes de escape disponibles puede ahorrarle un problema cuando finalmente hacer su escape.

Si sientes que este libro te ha ayudado a superar tu abuso y tomar las cosas con seguridad en tus propias manos, estaría encantado de que dejaras una reseña para que otras personas conozcan tu historia y que no estén solas.

www.ingramcontent.com/pod-product-compliance
Lightning Source LLC
Chambersburg PA
CBHW070030040426
42333CB00040B/1422